초등 교사들이 쓴
초등생을 위한 한국사

쓱쓱 한국사

2

김경수, 김충배, 장성익, 이동규, 이민형

초등 교사들이 쓴
초등생을 위한 한국사

쓱쓱
한국사

2

김경수, 김충배, 장성익, 이동규, 이민형

조선시대부터 현대까지

주류성

간행사

- 책을 내면서 -

역사를 처음 접하는 여러분들은 역사란 무엇이라고 생각하나요? 드라마에서 봤던 주몽, 이성계와 같은 인물들의 이야기가 역사라고 생각할 수도 있고, 고구려, 백제, 신라 같은 나라의 이야기를 역사라고 생각할 수도 있을 겁니다. 사실 역사가 무엇인지에 대해서는 어른들 사이에서도 하나로 답하기가 어려운 질문이에요.

하지만 여기 대부분의 역사학자와 선생님들이 공감하는 말이 있습니다.

'역사란 현재와 과거의 끊임없는 대화이다.'
'역사를 잊은 민족에게 미래는 없다.'

이 두 가지 입니다.

첫째는 유명한 역사학자인 에드워드 카가 한 말이고, 두 번째 말은 우리나라의 독립운동가이자 역사학자인 단재 신채호 선생님이 강조했던 말입니다.

넓고 복잡한 이 세상에서 끊임없이 앞으로의 길을 고민하고 움직여야 할 때, 우리 조상들은 과거에 어떤 상황에서 어떤 판단을 했는지, 또 어떤 과정을 거쳐서 지금의 세상이 만들어졌는지 역사라는 네비게이션을 참고할 수 있을 거예요. 만약 잘못된 길을 반성 없이 다시 간다면 우리는 또 다시 막힌 길을 만날지 모릅니다. 여기에 우리가 역사를 잊지 않고 공부해야하는 이유가 있습니다.

문자가 생기고 역사가 기록되어 온 수 천년의 시간 동안 과거에 살던 많은 사람들은 자신이 직접 경험했거나, 과거에 다른 사람이 남겨 놓은 기록들을 찾아 정리하고 자신의 생각을 적어놓았어요. 이러한 자료를 '사료'라고 해요. 역사가들은 사료를 읽고서 과거에 어떤 나라들이 있었고, 그 나라들에 살던 사람들이 어떻게 생활하였으며, 어떤 중요한 사건들이 있었는지를 역사책으로 만들었지요.

여러분이 학교에서 정식으로 역사를 배울 수 있도록 만든 교과서에는 이러한 역사책의 내용들 중 우리 역사의 흐름을 대략적으로 알 수 있도록 중요한 내용들이 정리되어 있답니다. 허나 워낙에 방대한 양의 내용을 한정된 교과서에 정리해 놓다보니 여러분이 읽을 때 그 흐름이나 내용이 잘 이해가지 않을 수도 있을 거예요. 아니면 어느 부분의 내용은 더 자세히 알아보고 싶을 수도 있고요.

이 책은 교과서에서 다루는 우리나라의 역사를 이야기 형식으로 풀어서 좀 더 쉽게 이해할 수 있도록 쓴 책이에요. 마치 선생님이 여러분 옆에서 교과서의 내용을 잘 풀어서 이야기로 알려주듯이 쓴 책이지요. 또한 교과서에서 요약하여 정리한 내용을 더욱 자세하게 다양한 사진과 시청각 자료까지 덧붙여 알려주고자 했어요. '더 알아보기'나 '학습 활동지', '학습 자료'

상단 왼쪽부터
이민형(백암초), 김경수(계성초), 장성익(서울 봉현초),
이동규(서울 신도초), 김충배(계성초) 선생님

와 같은 내용들을 보면 교과서의 내용들보다 더욱 풍부한 역사 자료들이 들어있을 거예요.

또한 여러분에게 더 자세한 역사 이야기를 들려주고 싶지만 글로는 모두 설명하기 어려운 부분들, 더 생동감 있게 역사를 전해주고 싶은 사건들은 'QR코드'를 통해 동영상으로 만날 수 있도록 넣어놨어요. 여러분이 가지고 있는 핸드폰으로 QR코드를 열어보세요. 재미있고 알찬 동영상들이 책 내용을 더 쉽고 자세하게 이해할 수 있도록 도와줄 겁니다.

부족함이 많지만 이 책을 만드는 데에는 학생들에게 역사는 교과목 이상의 의미가 있다고 생각하는 5명의 현직 선생님들이 함께 했습니다. 그리고 이 책이 나올 수 있도록 도와주신 많은 분들이 계십니다. 특히 서울교육대학교 대학원 강당에서 사제의 연으로 만나 역사란 무엇인지 큰 가르침을 주시고, 이 책을 시작할 수 있게 이끌어주신 故(고)장득진 교수님(전 국사편찬위원회 편사연구관)께 깊은 감사를 드립니다. 또한 어려운 상황에서도 책이 출판될 수 있도록 힘써주신 주류성 출판사의 최병식 대표님에게 감사의 뜻을 전합니다.

여러분! 자신의 뿌리를 알고, 올바른 역사를 인식하는 것이 미래의 주역으로 성장할 여러분들에게 꼭 필요한 일입니다. 또한 중학교 2학년이 되기 전에 이 책을 정독한 친구들은 더욱 쉽고 재미있게 중등 한국사를 다시 만나게 될 거예요. 이 책을 통해 여러분이 우리 역사에 더욱 관심과 애정을 가지고, 세상을 바라보는 지혜를 얻기 바랍니다.

2021. 10. 여러 필자를 대신하여

김경수 씀

차 례

11 조선의 건국과 유교 국가의 성립

1. 유교의 나라 조선이 세워지다

이성계를 도와 조선을 세운 사람들은 중국에서 들어온 새로운 학문인 **성리학**을 공부한 학자이자 관리들이었어요. 신진사대부라 불렸던 이들은 이성계와 힘을 합쳐 고려를 무너뜨리고 새로운 나라, 조선을 세웠지요(1392년). 조선은 고려가 불교를 따랐던 것과 달리 유학의 한 종류인 성리학을 나라의 바탕으로 삼아 정치 질서를 새로이 하고자 하였어요.

조선이 세워진 후 유교 정치를 펼치기 위한 여러 제도들이 만들어졌어요. 유교[1]에서는 "임금이 덕으로써 나라를 다스려야 한다."는 것과 "백성이 나라의 으뜸임을 알고 백성을 위한 정치를 해야 한다."고 강조했지요. 그래서 조선의 임금들은 유교의 가르침에 따라 신하들과 함께 유학을 공부해야 했어요.

이렇게 임금이 신하들과 함께 공부하던 제도를 **경연**이라

1) 유교 : 공자의 가르침을 따르는 종교.

선생님 질문 있어요

Q 유교는 무엇이고, 유학은 또 무엇인가요?

A 유교와 유학은 똑같이 공자의 가르침을 따르는 것을 핵심으로 해요. 유교는 공자를 종교로서 섬기고 따르는 것이고, 유학은 공자의 가르침을 연구하는 학문을 뜻하지요.

하였는데, 경연에서는 나라의 중요한 일에 대한 논의도 함께 이루어졌지요. 또한 임금과 신하들이 유교의 가르침에 따라 국가를 운영하는지 감시하는 기관들을 만들어 올바른 정치를 할 수 있도록 하였어요.

　조선은 관리를 뽑는 시험인 **과거**를 실시하였는데, 과거시험에서는 주로 유교 지식을 물었답니다. 이때 과거를 치를 자격이 있거나 과거에 합격한 사람들을 **양반**이라고 불렀는데, 양반들은 어려서부터 유학을 공부하며 과거 시험을 준비하였지요.

　이들을 교육하기 위해 나라에서는 유학을 가르치는 여러 학교들을 만들었어요. 대표적으로 오늘날의 대학교라 할 수 있는

국가는 유학을 가르치는 학교들을 중앙과 지방에 만들었고, 유학적 소양을 바탕으로 한 시험을 통해 관리를 뽑았어요.

▲ 나주 향교

▲ 성주 향교 대성전

▲ 성균관의 명륜당

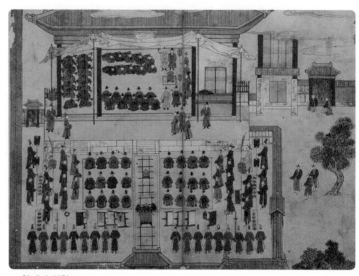

▲ 왕세자 입학도

왕과 왕세자는 신하들과 함께 유학을 공부하며 정치에 대해 의논했어요. 위 자료는 왕세자가 학교에 입학하는 모습을 그린 것이에요.

성균관이 한양에 만들어졌고, 각 지역별로는 중등 교육 기관이라 할 수 있는 향교가 세워졌죠.

한편 조선 사회에서는 지배층인 양반들뿐만 아니라 일반 백성들도 유교의 가르침에 따라 살도록 하였어요. 나라에서는 가정의 행사를 유교식으로 하도록 권장[1]했고, 양반들은 마을에서 백성들이 유교에 따라 살도록 이끄는 역할을 하였지요.

1) 권장 : 권하여 장려함.

오늘날에도 돌아가신 분의 제사를 지내는 집안이 많이 있는데, 이는 조선 사회 유교의 영향에서 나온 것이랍니다.

더 알아보기

조선의 신분제도

유교 질서가 세워지면서 조선의 신분 제도 또한 자리매김해갔어요. 조선은 원래 법적으로는 양인과 천인으로 신분을 구분하였지요. 그러나 실제로 양인은 학자로서 관리가 되길 준비하는 양반과 여러 행정 관청들에서 일하거나 통역, 의술 등의 전문 기술을 갖춘 중인, 그리고 일반 백성들을 뜻하는 상민으로 나누어졌어요. 양인 아래에는 천인들이 있었는데, 주로 노비들이 속했죠. 노비들은 크게 관청에 속해 있거나 양반과 같은 사람들의 개인 소유로 인정되던 자들로 구분되었어요. 노비들은 사고 팔리기도 하였는데, 일부 노비들은 주인과 따로 살면서 농사를 짓거나 물건을 만들어 팔고 자신의 몸값을 주인에게 지불하는 경우도 있었답니다.

2. 한양이 조선의 수도가 되다

이성계는 새로운 나라 조선의 수도로 고민끝에 **한양**(서울)을 택했어요. 한양에는 임금이 머물며 정치를 할 궁궐들이 지어졌는데, 그중 최초로 세워진 궁궐이 **경복궁**이었어요. 다음으로 지어진 궁궐은 태종 때 지어진 **창덕궁**이지요.

▼ 〈EBS 네이버 지식백과 조선의 5대 궁궐〉

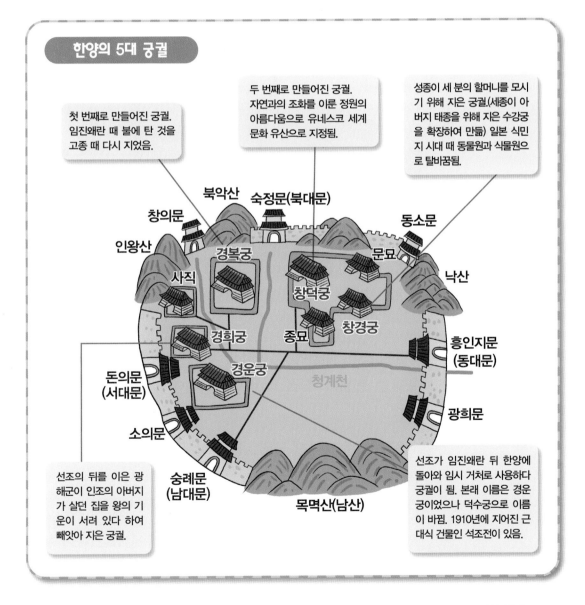

한양의 5대 궁궐

첫 번째로 만들어진 궁궐. 임진왜란 때 불에 탄 것을 고종 때 다시 지었음.

두 번째로 만들어진 궁궐. 자연과의 조화를 이룬 정원의 아름다움으로 유네스코 세계 문화 유산으로 지정됨.

성종이 세 분의 할머니를 모시기 위해 지은 궁궐.(세종이 아버지 태종을 위해 지은 수강궁을 확장하여 만듦) 일본 식민지 시대 때 동물원과 식물원으로 탈바꿈됨.

북악산 숙정문(북대문)
창의문 동소문
인왕산 문묘
경복궁 낙산
사직 창덕궁
경희궁 창경궁
종묘 흥인지문(동대문)
돈의문(서대문) 경운궁 청계천
광희문
소의문

선조의 뒤를 이은 광해군이 인조의 아버지가 살던 집을 왕의 기운이 서려 있다 하여 빼앗아 지은 궁궐.

숭례문(남대문) 목멱산(남산)

선조가 임진왜란 뒤 한양에 돌아와 임시 거처로 사용하다 궁궐이 됨. 본래 이름은 경운궁이었으나 덕수궁으로 이름이 바뀜. 1910년에 지어진 근대식 건물인 석조전이 있음.

▲ 경복궁 근정전 – 조선의 으뜸가는 궁궐인 경복궁의 중심 건물로, 왕실의 각종 행사가 열렸던 곳이에요.

▲ 창덕궁 인정전 – 임금이 따로 머물 궁궐로 지어진 창덕궁의 중심 건물로 임금이 국가 행사를 치르던 건물이랍니다.

창덕궁은 태종이 경복궁과 함께 사용할 목적으로 지은 궁궐로 특별히 주변 자연의 아름다움을 잘 살려서 지어졌어요.

조선 초에 지어진 궁궐로는 또한 **창경궁**이 있지요. 창경궁은 세종이 아버지인 태종을 모시기 위해 지은 궁궐을 후대에 크게 확장한 것으로 창덕궁과 담벼락을 마주한 채 지어졌어요. 그래서, 창덕궁과 함께 경복궁의 동쪽에 있다 하여 동궐이라 불리기도 하였죠.

▲ 한양 도성 성벽 – 한양을 지키기 위해 돌로 쌓은 성벽을 말해요.

▲ 사직단 – 임금이 땅과 곡식의 신에게 제사를 지내던 곳이에요.

▲ 종묘 – 조선의 역대 임금과 왕비의 영혼을 모신 곳이에요. 유네스코 세계문화유산이랍니다.

　궁궐과 함께 관리들이 일을 보는 관청, 물건을 사고 파는 가게들이 모인 **시전**과 주변 거리, 그리고 왕실의 조상들에게 제사를 지내는 사당인 **종묘**, 임금이 백성을 위하여 땅의 신과 곡식의 신에게 제사 지내던 제단인 **사직단**, 유학을 공부할 학생들을 가르치는 **성균관** 등 국가에 필요한 주요 시설들이 차례로 지어졌답니다.

　또 외적의 침입으로부터 한양을 방어할 **성벽** 또한 지어지면서 한양은 새로운 수도로서의 모습을 갖추게 되었어요.

　이렇게 한양을 세우는 일을 계획한 인물이 정도전이에요. 그는 한양에 세워진 여러 건물들의 이름을 유교의 경전[1]에서

1) 경전 : 종교의 교리내용을 담은 책

▶ 숭례문(남대문)
한양의 남쪽 대문으로, 한양을 상징하는 건물 중에 하나였어요. 안타깝게도 2008년에 화재가 일어나 불에 타 이후 다시 만들어졌어요.
우리나라 국보1호랍니다.

▶ 흥인지문(동대문)
한양의 동쪽 대문으로, 지금 있는 모습은 1869년 고종 때 다시 지어진 모습이에요.
우리나라 보물1호랍니다.

따다 지었어요. 예컨대 경복궁에서 '경복(景福)'이란 이름은 유교 경전에 나오는 말로 조선 왕조가 오랫동안 큰 복을 누리라는 뜻에서 지어졌어요.

또한 한양의 남쪽 대문인 '숭례문'이란 이름은 유교에서 강조하는 예의를 높이 세우라는 뜻에서 지어졌지요. 이와 함께 동쪽 대문인 '흥인지문'에는 유교에서 강조하는 어진 마음을 키우라는 뜻이 담겨 있어요.

이렇게 한양은 새로이 유교의 나라를 세워나가고자 조선을 세운 사람들의 뜻을 담은 도시였어요. 그리하여 500여 년의 시간 동안 조선의 도읍으로서 제 역할을 하게 됩니다.

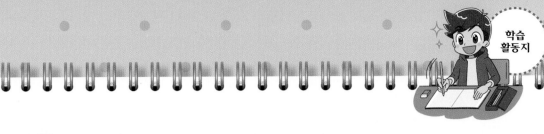

① 경복궁과 창덕궁의 모습을 비교해 봅시다.

1. 경복궁과 창덕궁의 모습을 살펴봅시다.

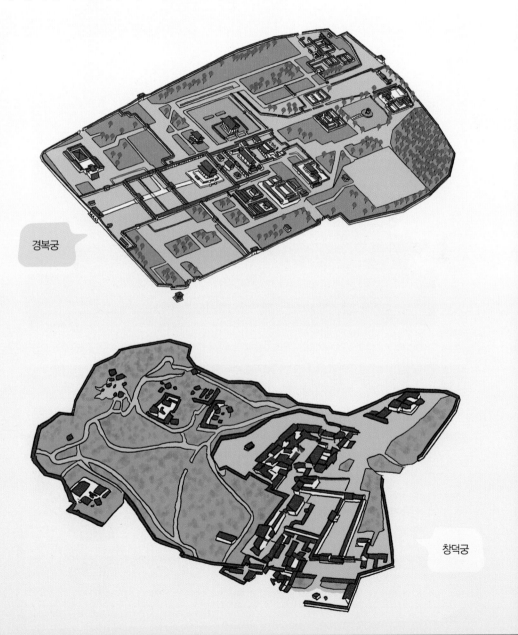

경복궁

창덕궁

2. 두 궁궐의 모습을 살펴보고 물음에 답해 봅시다.

★ 아래 그림은 중국 궁궐인 베이징의 자금성입니다.
  자금성은 황제가 주로 정치를 하던 곳으로 황제의 권위를 상징하도록 웅장
하고 네모 반듯한 형태로 지어졌지요. 두 궁궐 중에 자금성의 모습과 비슷한
궁궐은 어디인가요?

(   )

★ 건물들에 비해 정원이나 숲이 차지하는 크기가 큰 궁궐은 어느 곳인가요?

(   )

▶ 임금이 주로 정치를 하기 위해 지어진 궁궐인 경복궁
은 그 형태가 네모 반듯하고, 크게 지어졌어요. 또한
산줄기에서 이어진 곳에 지어진 창덕궁은 자연의 멋
을 살려 건물들을 배치하였죠.

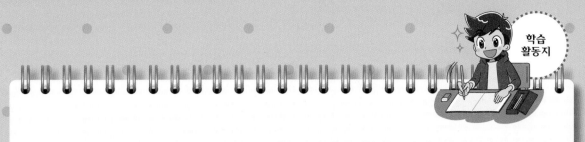

❷ 도읍지로서 한양의 장점 생각해보기

일반적으로 한 나라의 수도는 사람들이 많이 모여 살기에 좋아야 하고, 그 나라를 대표하는 곳으로서 여러 장점이 있어야 하죠. 도읍지로서 한양의 장점에 대해 생각해 봅시다.

1. 아래는 조선 시대 한양의 모습을 나타낸 입체 지도와 현재 서울의 위성 지도입니다. 아래 지도를 보고 한양의 도읍지로서의 장점에 대해 생각해 봅시다.

현재의 서울

예전 한양의 위치

★ 한양은 외적의 침입으로부터 방어하기에 좋을까요? 그렇게 생각하는 이유는 무엇인가요?

"한양 주위를 둘러싸고 있는 게 산이랍니다. 그리고 한양의 남쪽에는 폭이 넓은 한강이 위치하고 있지요."

★ 물을 구하기 좋을까요? 그렇게 생각하는 이유는 무엇인가요?

"한강에 대해서 잘 생각해 봐요."

★ 건물들을 지을 평평한 땅이 많은 편이었나요?

"모형에서 건물들이 들어서 있는 부분의 지형을 잘 살펴보세요."

① 태조 이성계, 한양을 도읍으로 선택하다

태조 이성계는 고려의 수도 개경에서 조선을 건국하였어요. 그러나 개경에는 아직 고려에 충성하던 사람들이 많이 남아 있었지요. 이성계는 새로운 나라에 걸맞은 새로운 도읍을 찾고자 했어요. 그리하여 그는 수도를 옮기는 중요한 일을 **무학대사**에게 부탁했답니다.

무학대사는 처음에 계룡산이란 곳을 도읍지로 생각했으나, 계룡산 주변은 도읍지로 삼기에 땅이 비좁았어요. 다른 곳을 찾던 무학대사는 한강 주변을 둘러보며 한 나라의 도읍지가 되기에 충분하다는 생각을 하였죠.

처음에 무학대사는 오늘날 서울의 왕십리 근처에 궁궐을 짓고자 했어요. 그런데 한 노인이 무학대사를 지나쳐 가며 자신이 몰던 소에게 이렇게 말했어요.

"이 소는 미련하기가 무학과 같구나. 좋은 곳은 못 찾고 엉뚱한 데에 와 있다니!"

무학대사가 놀라 노인에게 어떤 뜻으로 그렇게 말했는지 물었어요. 노인은 채찍을 들어 방향을 가리키며 10리(약 4Km)를 더 가라고 알려 주었지요. 무학대사가 노인의 말대로 10리를 더 갔더니 과연 도읍지로 삼기에 좋은 곳이 나타났는데, 그곳이 지금의 경복궁 자리였다고 해요. 그리고 무학대사가 노인을 만났던 곳을 '10리를 더 가라고 알려 준 곳'이라는 뜻에서 '왕십리(往十里)'라고 부르게 되었답니다.

② 정도전, 조선을 설계하다

이성계를 도와 새로운 나라 조선을 설계한 인물은 **정도전**이었어요. 정도전은 신진사대부를 대표하는 인물로서 조선을 건국하는 데 앞장섰으며, 조선이 건국된 후 나라의 기틀을 마련하는 데 활약하였죠. 실제로 그는 한양이 조선의 수도로 결정된 후 수도 건설 공사의 총 책임을 맡아 궁궐과 관청을 짓는 일을 성공적으로 이끌었어요.

조선의 정치를 실제로 이끌어갔던 정도전은 백성을 위한 정치를 펼치기 위해서는 임금이 아니라 능력 있는 신하들 중에 뽑힌 재상이 정치를 이끌어야 한다고 생각했어요. 왜냐하면 임금은 타고난 운명에 따라 결정되기 때문에 만약 능력이 없는 임금이 세워질 경우 정치가 제대로 이루어지지 못할거라고 생각했던 거죠.

그러나 이방원을 비롯한 왕족들은 임금이 정치의 중심이 되어야 한다고 믿었어요. 그들은 임금 대신 신하가 정치를 이끌어야 한다는 정도전의 생각을 도저히 받아들일 수가 없었죠. 그러던 중에 이성계는 다음 왕위를 첫째 부인이 낳은 여러 왕자들을 제치고 두 번째 부인이 낳은 막내아들에게 물려주기로 결정하였어요. 이방원을 비롯한 첫째 부인에게서 태어난 왕자들은 아버지가 이러한 결정을 하는데 정도전이 큰 역할을 한 것으로 의심하였죠.

결국 왕자들 간에 왕위를 둘러싼 다툼이 일어나게 되면서 정도전은 이방원에게 목숨을 잃게 됩니다. 정도전은 비극적인 최후를 맞이하였지만, 후세에 새로운 나라 조선의 설계자이자 백성을 위한 정치를 펼치고자 노력하였던 인물로 기억되고 있어요.

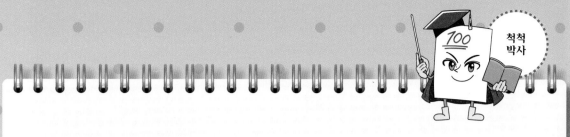

문제로 정리하기

1 아래 글을 잘 읽고 빈 칸에 들어갈 말을 각각 적어보세요.

> 고려는 태조 왕건으로부터 멸망할 때까지 나라의 근본 종교를 ① 로 삼았습니다. 고려 시대 때 몽골의 침입 속에서도 부처님의 말씀을 담은 팔만대장경판을 만든 것만 봐도 잘 알 수 있지요. 하지만 조선을 세운 사람들은 새로이 ② 를(을) 바탕으로 나라를 다스리고자 하였어요. 이 점은 경복궁과 같은 건물을 지을 때 건물의 이름들을 이 종교와 관련되는 것들로 지은 것을 보면 확인할 수 있어요.

①번 빈칸에 들어갈 말 :

②번 빈칸에 들어갈 말 :

2 조선이 수도로 삼은 곳의 이름은 무엇인가요?

① 개경   ② 한양   ③ 수원   ④ 부여   ⑤ 평양

3 한양의 중심 궁궐로 큰 복을 누리라는 뜻에서 지어진 궁궐의 이름은 무엇인가요?

4 한양의 남쪽 대문으로 예의를 높이 세우라는 뜻으로 지어진 대문 이름은 무엇인가요?

유교 문화와 과학 기술의 발달

1. 세종, 백성의 안정을 위한 정치를 펼치다

조선의 첫 임금인 이성계의 후계자를 정하는 과정에서 두 차례에 걸쳐 왕자들 간에 싸움이 벌어지면서 나라가 혼란스러워지기도 했어요. 하지만 제3대 태종(이방원)을 거쳐 제4대 임금인 세종 대에 이르러 정치가 **안정**되고, **과학기술과 문화**가 크게 발전하였답니다.

세종은 우선 바다를 건너와 백성들에게 해를 끼치던 해적 집단인 **왜구**[1] 를 무찌르고자 그들의 본거지였던 **대마도**를 공격하였어요. 이후 북쪽 국경 지역에서도 백성들에게 해를 끼치던 **여진족**을 몰아냈죠. 그리고 그곳에 **4군**(압록강 상류)과 **6진**(두만강 유역)을 두었어요. 새로 차지한 땅에는 남쪽 지역의 백성들이 옮겨 살도록 하여 방어를 튼튼히 함으로써 오늘날과 비슷한 국경선이 만들어졌지요.

또한 『세종실록지리지』와 같은 지리책을 만들어 조선의 각 고을마다 그 지역의 특징을 자세히 기록하였답니다. 지방관이 파견되지 않았던 곳이 많은 고려와 달리 조선은 초기부터 모든 고을에 지방관을 보내 직접 다스리게 하였

1) 왜구 : 일본의 해적집단.

▲ 세종은 북쪽의 여진족을 몰아내고 4군과 6진을 만들었어요.

지요.

　또 세종은 궁궐의 도서관이자 학자들의 연구 기관이었던 **집현전**을 통해 학자들이 학문 연구에 힘쓸 수 있도록 지원을 아끼지 않았죠. 그리하여 집현전 학자들은 나라의 여러 법과 제도를 정비하고 유교 문화를 널리 알리는데 기여하였어요. 또한 농업과 의학 분야에 대한 책인『**농사직설**』,『**향약집성방**』과 같은 책들도 만들어 백성들의 생활에 도움을 주었지요.

　세종은 여러 신하들과 함께 백성들의 삶에 큰 영향을 주는 세금을 공평하게 걷는 방법을 연구하기도 하였죠. 땅의 비옥²⁾함을 6등급으로 나누어 등급에 맞게 세금을 조절해주는 것과, 해마다 농사가 잘 된 정도를 9등급으로 나누어 이에 맞춰 세금을 내도록 하는 두 가지 방법을 만들어냈어요.

▲ 농사직설 – 세종의 지시에 따라 농부들의 농사 경험을 조사하여 우리나라 실정에 맞게 농사 방법을 정리해 만든 책이에요.

▲ 향약집성방 – 세종 때 만들어진 의약 서적으로, 조선의 약재를 활용하여 약을 만드는 방법을 적은 책이에요.

2) 비옥 : 땅이 양분이 많고 기름짐.

▲ 경복궁 수정전 – 예전 집현전이 있던 곳에 지어진 건물입니다.

더 알아보기

세종실록지리지

　세종실록지리지는 전국 각 고을들의 특징을 일정한 항목별로 정리한 인문지리서입니다. 나라의 구석구석까지 중앙에서 직접 다스리고 통제하겠다는 의지를 엿볼 수 있는 책이지요.

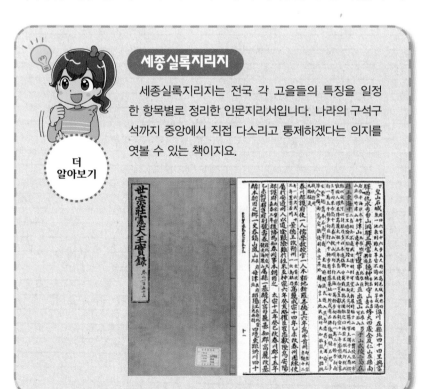

▶ 〈역사채널e
– 대왕 세종〉

▶ 〈MBC무한도전
세종대왕〉

　　새로이 법을 만드는 과정에서 세종은 전국의 백성들을 대상으로 여론 조사를 실시하였어요. 당시 무려 17만 여명의 백성들이 이 법을 실시해도 좋은지 찬반 조사에 참여하였고, 찬성 의견이 더 많이 나오자 세종은 이 법을 실시하게 하였답니다.

　　이후 세종은 백성들이 글을 쉽게 읽고 쓸 수 있게 해주고자 과학적인 원리를 담아 28글자의 **훈민정음**을 만들었어요. 당시 쓰이던 글자인 한자는 익히기 어려워 대부분의 백성들이 글을 읽고 쓰지 못하였어요. 특히, 한자를 배울 기회가 없었던 많은 여자들이 훈민정음을 통해 글을 읽을 수 있었지요.

▲ 훈민정음 창제 모형(한글박물관)

▲ 세종대왕 동상(서울, 광화문)

　　이러한 훈민정음은 세계의 글자들 중에 유일하게 만든 원리를 알 수 있는 글자입니다. 훈민정음은 이후 한글로 불리게 되어 오늘날 우리나라의 글자로 널리 쓰이고 있죠.

　　또한, 세종 대에는 인쇄술이 더욱 발전했어요. 금속 활자가 더욱 정교해졌으며, 책의 글자 사이 간격이 더욱 넓어져 책을 읽기 쉬워졌지요.

2. 과학과 문화가 눈부시게 발전하다

▶ 〈YTN 사이언스
– 장영실〉

세종 대에는 과학과 문화 또한 크게 발전하였는데, 이 시기에 활약한 사람이 **장영실**이었죠. 장영실은 원래 **노비**[1] 신분으로서 자신의 재능을 펼치는 데 어려움이 있었어요. 세종은 장영실의 능력을 인정하여 그를 중국에 보내어 기술을 익히도록 하였을 뿐만 아니라, 노비의 신분을 벗겨주고 궁궐의 기술자로서 활약하게 해주었어요.

그리하여 세종 대에 여러 발명품이 개발되었지요. 우주의 해, 달, 별을 살필 수 있는 기구인 **혼천의**와 **간의**를 비롯하

1) 노비 : 조선의 신분 중에 가장 낮은 천인. 이들은 주로 관청이나 개인에 속하여 일을 해야 했음. 또한 나라나 개인의 재산과 같이 여겨져 사고파는 대상이 되기도 함.

▲ 혼천의(모형) – 여러 별들의 움직임과 위치를 잴 수 있는 기구

▲ 간의(모형) – 별들의 위치를 재는 기구로, 각도기와 비슷한 모양새임.

▲ 해시계(앙부일구) – 태양의 그림자를 이용해 만든 시계로 시간과 날짜를 동시에 알 수 있음. 백성들도 시간을 알 수 있도록 큰 길가에 설치함.

▲ 측우기 – 빗물을 받아 고인 물의 높이를 재었음.

▲ 수표 – 강이나 개울에 비가 오면 물의 높이를 나타내도록 눈금을 적은 기둥

▲ 물시계(자격루) – 물의 힘을 이용하여 자동으로 시간을 알려주는 장치가 있는 물시계

▶ 〈tvN 어쩌다어른 – 장영실〉

여 시간을 알 수 있게 해주는 **물시계**와 **해시계** 그리고 비의 양을 재는 **측우기**와 개천의 깊이를 알 수 있게 해주는 **수표** 등이 대표적인 발명품이랍니다. 이렇게 발명된 기구들은 모두 농사와 관련이 있는 것들로서, 당시 대부분 농사를 지으며 살아가던 백성들의 삶에 큰 도움을 줄 수 있었어요.

세종 대에는 궁궐안에 천문대를 만들어 혼천의와 간의같은 새로 개발된 기구들을 사용하여 천문학을 연구했어요. 이러한 연구 결과 **칠정산**이란 달력이 만들어졌어요. 이전에

▲ 종묘제례악 – 종묘에서 제사를 지낼 때 연주하던 음악으로, 세종 때에 정리되었어요.

는 중국이나 아라비아에서 들여온 달력을 그대로 사용했었으나, 칠정산은 우리나라의 위치에서 천체 운동을 정확하게 관측하여 계산해 만든 달력이었어요. 칠정산은 현재 사용하는 달력과 별 차이가 없을 정도로 정확하답니다.

또한 세종 대에는 그동안 전해 내려오던 궁궐의 음악이 악보로 정리되고, 새로 여러 악기들이 만들어져 조선의 음악이 크게 발전하였어요. 세종은 직접 정간보[1]라는 악보를 만들어 음악을 정리하고 기록하는 일을 도와주었어요. 이렇게 세종 대에 궁궐의 음악이 정리된 덕분에 지금도 우리는 조선의 궁중 음악을 연주할 수 있답니다.

▶ 〈국악 TV – TV 악학궤범 – 종묘 제례악〉

1) 정간보 : 세종이 만든 악보로 한자의 우물 정(井)자 모양으로 칸을 짜서 1칸을 1박으로 표시한 악보임.

우리나라 화폐에 그려진 조선시대 인물들

이순신

신사임당

세종대왕

이이

이황

3. 성리학이 발달하다

성리학이 조선을 움직이는 정치 이념으로 자리 잡으면서 나라에서는 백성들에게도 유교 윤리를 널리 알릴 수 있는 책을 찍어 보급하였어요. 우선 모범이 될 만한 충신[2], 효자[3], 열녀[4]의 이야기를 뽑아 『삼강행실도』라는 책을 만들어 백성들에게 보급하였고, 국가와 왕실의 행사를 유교의 예법[5]에 맞게 정한 『국조오례의』가 만들어졌답니다. 성종 대에는 유교 정치 이념을 담은 법전인 **경국대전**이 완성되었어요. 정치, 경제, 사회, 문화의 각 영역에서 유교에 따른 삶의 방식을 법으로서 규정해 놓았죠.

아울러 고려 말에 중국으로부터 받아들여진 **성리학**은 조선 사회에서 점차 독자적인 모습으로 발전해갔어요. 이렇게 성리학이 조선에서 발달해가는 데에는 당시의 대학자였던 **이이**와 **이황**의 영향이 컸죠.

2) 충신 : 임금과 나라에 충성하는 신하.

3) 효자 : 부모를 잘 섬기는 자식.

4) 열녀 : 한 명의 남편만을 잘 섬기는 아내.

5) 예법 : 예의로서 지켜야 하는 규칙.

▲ 율곡 이이(1536~1584)
조선의 대학자이자 관리로서 여러 차례 과거에 1등으로 합격하기도 했어요. 같은 시대에 살던 이황의 성리학 학설을 비판하며, 자신만의 이해를 내세웠죠.

▲ 퇴계 이황(1501~1570)
조선 성리학 발달의 기초를 다진 학자로 많은 이들의 존경을 받았어요. 이후에 그의 학문은 일본 성리학에까지 큰 영향을 주었어요.

이이의 사상은 경기와 충청 지방의 학자들이 주로 발전시켰고, 이황은 경상도 지방에서 제자들을 길러내어 그 사상이 더욱 발전해갔어요. 특히 이황의 사상은 임진왜란 때 일본에 전해져 일본 성리학 발달에도 큰 영향을 주었어요.

더 알아보기

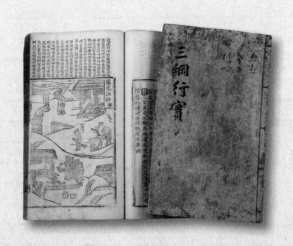

삼강행실도

조선은 유교를 으뜸으로 하는 나라였어요. 조선이 세워진 지 꽤 시간이 지났지만, 많은 백성들은 유교의 생활 방식에 익숙하지 않았지요. 그래서 세종은 유교를 백성들에게 널리 알리기 위해 『삼강행실도』를 만들도록 했지요. 책에는 역사 속에서 유명한 효자, 충성스러운 신하, 귀감이 되는 열녀와 같은 사람들에 얽힌 이야기가 담겨 있어요. 이 책은 글뿐만 아니라 그림도 함께 넣었고, 백성들이 내용을 쉽게 이해할 수 있도록 한글로도 만들어졌어요.

경국대전

나라를 다스리는 가장 기본적인 법전으로 세조, 예종, 성종 대에 걸쳐 완성되었답니다. 고려의 법은 주로 죄인을 다스리는 내용이 중심이었으나, 경국대전은 성리학 이념을 바탕으로 정치·경제·문화·사회 등 모든 내용을 종합적으로 담은 법전이에요.

① 훈민정음으로 쓴 편지를 읽어봅시다

세종대왕이 훈민정음을 만든 후 일부 양반들과 여성, 그리고 상민 사이에서 훈민정음이 널리 쓰였어요. 특히 훈민정음은 한자를 익히기 어려웠던 여성들 사이에서 널리 쓰였죠. 아래에 숙종 임금이 여동생 집에 가 계신 어머니께 쓴 편지를 읽어보고 옛날에는 훈민정음이 어떻게 쓰였는지 살펴봅시다.

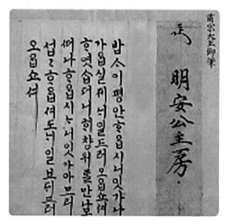

▲ 숙종이 직접 쓴 편지

명안공주(숙종의 동생)집에 보냄.

밤사이 평안하시옵니까? (대궐)을
나가실 때 "내일 들어오옵소서."
하였사온데 해창위(명안공주 남편)를
만나 떠나지 못하는 것이옵니까?
아무리 섭섭하셔도 내일 부디 (대궐로)
들어오시옵소서.

▲ 숙종이 쓴 편지를 요즘의 한글로 다시 옮긴 편지

1. 숙종이 직접 쓴 편지를 살펴보고, 오른쪽의 오늘날의 한글로 옮겨 쓴 편지를 읽어보며 어떤 내용의 편지인지 적어봅시다.

2. 예전에 숙종이 쓴 편지에서 오늘날에는 쓰지 않는 글자들을 찾아보세요.

① 조선의 여성들에 대해 알아봅시다

조선이 세워진 후 얼마 동안은 가정생활의 모습이 고려 때와는 크게 변하지 않은 채 그대로 지속되었어요. 조선 초기에는 남자가 여자의 집으로 가서 결혼을 하고 일정 기간을 살다가 남자의 집으로 돌아오는 풍습이 있었고, 부모가 재산을 물려줄 때도 딸과 아들 간에 차별을 두지 않았었죠. 이러한 조선 초기 가정의 모습은 신사임당의 삶에서 엿볼 수 있어요.

신사임당은 조선의 대학자인 율곡 이이의 어머니로서 남편과 결혼을 한 후 자신의 친정인 강릉에서 오랜 시간을 머물렀어요. 그녀는 자신의 재능을 떨쳐 시와 그림을 남겨 시인이자 화가로서 이름을 날렸죠.

그러나 가정생활에서도 유교 질서를 따르도록 하는 분위기가 점차 사회에 퍼져 가면서 가정의 모습이 남성 위주의 문화로 바뀌어 갔어요. 가족의 역사를 기록한 족보라는 책에서도 조선 초에는 아들과 딸을 태어난 순서대로 함께 기록하였으나 조선 후기에는 아들만을 기록하였죠. 또한 재산을 물려줄 때도 큰 아들에게 대부분을 물려주는 문화가 점차 생겨났던 거죠.

▲ 신사임당 동상(강원, 강릉)

▲ 초충도 8곡병 중 수박과 들쥐
(신사임당 그림, 국립중앙박물관)

② 우리 민족의 글자 훈민정음에 대해 알아봅시다

지금부터 우리 민족의 글자를 만드신 세종대왕님을 인터뷰 해보겠습니다.

 우선 세종대왕님께서 훈민정음을 만드신 이유는 무엇인가요?

 대답 : 우리말이 중국과 다른데, 글자는 같이 쓰니 불편하지 않겠습니까? 이런 이유로 백성들이 표현하고자 하는 바가 있어도 자신의 뜻을 글로 표현하지 못하는 것이 얼마나 불편하겠습니까? 내 이를 안타깝게 여겨 새로 스물여덟 글자를 만드니, 백성들마다 쉽게 익혀서 편리하게 글자를 쓰게 하고자 함이었지요.

읽기
자료

훈민정음은 처음에 어떤 글자들로 만들어졌나요?

대답 : 모두 28자로 만들었는데, 첫 소리인 초성을 17자(ㄱㅋㆁㄷ
ㅌㄴㅂㅍㅁㅈㅊㅅㆆㅎㅇㄹㅿ)로, 가운데 소리인 중성을 11자(·
ㅡㅣㅗㅏㅜㅓㅛㅑㅠㅕ)로 만들었습니다.

※ 그 중에서 'ㆁ, ㆆ, ㅿ, ·'의 4글자는 쓰이지 않게 되면서 지금
은 24글자만 쓰고 있지요.

훈민정음을 만드실 때 힘든 점은 없으셨나요?

대답 : 사실 훈민정음을 만들고 나서 신하들이 거세게 반대하고
나섰을 때가 어려웠어요. 특히 내가 정말 아끼던 신하였던 최만
리가 반대했을 때 그러했습니다.

최만리는 "중국과 다른 문자를 만드는 것은 큰 나라를 대하는
예의가 아닙니다. 그리고 글이 있어도 백성들이 이를 써서 자신
의 억울함을 푸는 데 쓰기 어렵습니다. 게다가 신하들과 상의하
시지 않고 글자를 만드신 것은 옳지 못한 일입니다."라며 훈민
정음 창제를 반대하였지요.

그래도 나는 오직 백성들이 쉽게 익힐 수 있는 글자를 만들어 주
어 그들이 일상생활에서 글을 몰라 서러움을 당하는 일이 없도록
해주고 싶었습니다.

▶〈지식채널e –
세계에서 가장 완벽한 문자,
훈민정음〉

▶〈모았캐치 / 스브스캐치 –
다시보는 '뿌리깊은 나무'
한글의 창시자 세종대왕 모음〉

③ 자격루의 복원

▲ 보루각 자격루 복원 모형(고궁박물관)

　　장영실의 발명품 중 특히 뛰어났던 것은 **자격루**였어요. 자격루는 정밀한 기계 장치를 이용하여 자동으로 시간을 알려주는 뛰어난 물시계였어요. 이는 당시 중국에서 만들어진 시계보다 더 정확하게 시간을 알려주었답니다.

　　그러나 장영실이 만든 자격루는 세종실록(세종16년 7월1일자)의 기록으로만 남아 있어요. 이 기록을 보면 자격루는 시간을 측정하는 물시계와 종 · 북 · 징소리로 시간을 알리는 신호 장치 등으로 구성돼 있다고 나와 있지요. 또 윗부분에는 시 · 경 · 점을 알리는 동물 모양의 인형이 각각 종 · 북 · 징을 자동으로 울리도록 되어 있어요. 이러한 장치가 자동으로 제어되어 시간에 맞게 울리도록 이뤄진다는 것은 당시로서 대단한 기술이었다고 할 수 있답니다.

　　건국대학교 남문현 교수 연구팀은 이러한 기록을 바탕으로 2007년에 자격루를 복원해내는 데 성공하였어요. 임진왜란 때 설계도가 불에 타버린 관계로 세종실록에 남아 있는 기록과 자격루의 부속품이었던 물 항아리 정도만이 남아 있는 상황에서 오랜 연구 끝에 자격루를 복원해냈어요. 정확히 574년만에 세상에 자격루가 다시 태어난 것이지요. 이렇게 복원된 자격루는 국립고궁박물관에 전시되어 있으며, 지금도 잘 작동하고 있답니다.

▶ 〈국립고궁박물관 –
　과학문화실 자격루〉

▶ 〈천문: 하늘에 묻는다 –
　큰별 최태성 선생님의
　'천문 길잡이 영상'〉

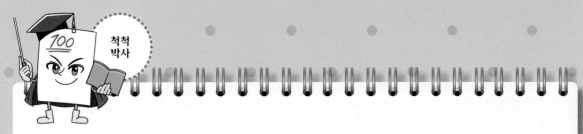

문제로 정리하기

1 세종이 한자를 대신하여 쓸 수 있도록 만든 글자의 이름은 무엇인 가요?

☐ ☐ ☐ ☐

2 세종은 조선의 북쪽 국경을 위협하던 여진족을 공격한 후

☐ ☐ ☐ ☐ 을 개척하여 오늘날의 국경선과

비슷한 모양의 국경을 이루었어요.

3 장영실의 발명품 중 하나로 물의 힘을 이용하여 자동으로 북이나 징을 울려 시간을 알려주던 장치를 무엇이라고 하나요?(   )

① 간의   ② 수표   ③ 자격루   ④ 혼천의   ⑤ 측우기

4 세종은 직접 ☐ ☐ ☐ 라는 우물 정(井)자 모양의

악보를 만들어 음악을 정리하는 데 도움을 주었지요.

1. 일본의 침략에 맞서 싸워 이기다

조선이 건국된 지 200여 년의 시간이 흘렀을 때인 1592년, 20여만 명에 이르는 일본군이 조선을 침략해 왔어요. 100여 년간 분열되었던 일본을 통일한 **도요토미 히데요시**는 명나라를 정벌[1]한다는 구실을 내세우며 조선에 명나라로 가는 길을 열어 달라고 하였어요.

조선은 일본의 침략에 맞서 싸우고자 하였고, 그렇게 하여 시작된 전쟁은 7년간 계속 되었어요. 이를 '임진왜란'이라 부르지요.

1) 정벌 : 적이나 죄 있는 무리를 무력으로 공격함.

▲ 부산진 순절도(육군박물관) – 임진왜란의 첫 번째 전투였던 부산진성에서의 전투에 대한 그림이에요.

▲ 동래부 순절도(육군박물관) – 부산진성이 무너진 후 다음으로 일본군에 의해 공격당한 동래성에서의 전투를 그린 그림이에요.

오랫동안 큰 전쟁을 한 번도 겪어 보지 못한 조선은 미처 전쟁 준비가 되어있지 않았어요. 그리하여 조선군은 한양으로 밀려오는 일본군에 계속 패배하여 북쪽으로 후퇴하게 되었지요. 일본군의 목표는 조선의 임금인 **선조**를 사로잡아 전쟁을 끝내는 것이었어요.

한양으로 밀려오는 일본군을 피해 선조와 신하들은 한양을 버리고 북쪽으로 피란을 떠났지요. 일본군을 피해 명나라와의 국경 지역까지 간 선조는 여차하면 명나라로 피신하고자 하였답니다.

▶ 〈단꿈교육 – 영화로 보는 설민석의 역사이야기 1부 전쟁의 신, 이순신〉

▶ 〈영상한국사 – 전라좌수사 임진왜란 준비와 거북선 제작〉

▲ 통영 제승당 앞 한산대첩지 – 이순신은 이곳에서 왜군을 크게 물리쳤어요. 한산대첩은 진주대첩, 행주대첩과 함께 임진왜란의 3대 대첩으로 알려져 있습니다.

▲ 임진왜란과 정유재란 전투상황

▲ 학익진 – 이순신이 이끄는 수군이 학의 날개 모양으로 펼쳐져 일본 수군을 포위하는 전투 방법을 학익진이라고 하였어요.

▶〈무한도전X역사 : 이순신 〉

나라를 빼앗길 위기에 처한 그때 **이순신**이 이끄는 조선 수군[1]이 일본 수군을 상대로 큰 승리를 거두었다는 소식이 전해졌어요. 이순신은 일본과의 전쟁이 일어나기 전부터 미리 전쟁에 대비하여 배를 만들었고, 화약과 대포를 준비하였으며, 군사들을 훈련시켜 놓았지요.

이순신이 이끄는 조선 수군은 남해 바다 일대에서 여러 차례 승리를 거두어 일본군의 보급로를 막았어요. 빠르게 북으로 나아가던 육군에게 바닷길을 통해 무기와 식량을 제공하고자 했던 일본의 계획은 실패하였지요.

조선의 육군 또한 이러한 기회를 노려 본격적인 반격에 나섰죠. 남쪽 지방에서는 '**의병**'이라 하여 백성들이 스스로 군대를 일으켰어요. 특히 곽재우는 경상도 지방에서 의병을 모아 일본군을 공격하여 여러 차례 승리를 거두면서 붉은 옷을 입은 장군이라는 뜻에서 '**홍의장군**'이라 불렸죠.

▲ 이순신 장군

한편 조선의 외교적 노력이 성공하면서 명나라 군대가 참전하였어요. 조선과 명의 연합군은 평양성을 공격하여 일본군으로부터 되찾았고, 이어서 한양을 공격하고자 준비하였죠. 권율은 한양 공격을 돕고자 행주산성으로 이동하여 유리한 위치를 차지하였어요. 그러자

▲ 평양성 전투(고려대학교 박물관) – 조선과 명나라 연합군이 일본군에게 빼앗겼던 평양성을 되찾는 모습을 그린 그림이에요.

일본군은 행주산성의 조선군을 공격해왔어요. 권율은 부족한 군사 수에도 불구하고 의병과 승병을 합쳐 일본군의 공격을 여러 차례 막아내 승리를 이끌었어요. 이를 **행주대첩**이라고 부르죠.

▲ 도요토미 히데요시

이러한 때 일본의 통치자 도요토미 히데요시가 사망하면서 일본군은 전쟁을 그만두고 일본으로 돌아갑니다. 그리하여 조선, 명나라, 일본 3개국이 7년여간 걸쳐 벌였던 전쟁이 끝나게 되었지요.

더 알아보기

임진왜란과 관련된 여러 나라 사람들
임진왜란은 조선과 명나라, 일본 사이에서 펼쳐진 국제 전쟁이었어요. 전쟁이 일어나기 50여 년 전 일본 땅에 들어온 포르투갈 상인들은 일본군에게 조총을 팔아 많은 돈을 벌어갔어요. 이때 상인들을 따라온 포르투갈인 선교사 루이스 프로이스는 임진왜란이 일어난 과정과 잔인했던 전쟁의 장면들을 「일본사」란 제목의 책으로 남겨 놓았어요. 또한 명나라 군대 중에는 포르투갈 출신의 흑인 용병들도 고용되어 있었다고 해요. 이들은 '해귀'라고 불렸는데 주로 바다에서 싸웠다고 전해져요.
전쟁 중에는 많은 포로들이 생기기도 했는데요. 왜군 중에 **사야가**라는 군인은 일본의 조선 침략이 잘못되었다는 생각에 부하들을 이끌고 조선에 항복하기도 했어요. 사야가는 이후 **'김충선'**이라는 이름을 받게 되었고, 임진왜란뿐만 아니라 훗날 병자호란 때까지도 조선에서 활약하였어요.

2. 일본과 국교를 열고, 통신사를 보내다

임진왜란이 끝나자 조선은 일본을 원수의 나라로 여겨 모든 국가 사이의 교류를 끊었어요. 도요토미 가문이 몰락하고 새로운 도쿠가와 가문이 들어서자 일본은 다시 조선과의 관계 개선을 요구하였고 조선도 임진왜란 때 강제로 끌려간 백성들을 돌려받고자 일본의 요청에 응하였죠.

그리하여 임진왜란 때 의병으로 활약한 승려 **유정**은 일본으로 가 포로로 잡혀간 백성들을 데리고 왔답니다. 또 조선 전기 대일교섭의 창구였던 쓰시마(대마도) 섬의 우두머리와 조약을

▲ 조선통신사선
일본 자하현 현립근대미술관에 있는 조선통신사선 그림입니다.

맺어 다시 일본인들만 거주하는 **왜관**을 설치해주고 무역을 하게 하였어요.

　이후에 조선은 외교관이라 할 수 있는 **통신사**를 다시 파견하였지요. 그리하여 1607년부터 1811년까지 총 12번에 걸쳐 통신사의 파견이 이루어졌습니다. 일본은 막부의 장군이 바뀔 때마다 조선에 통신사를 요청하여 그들의 권위를 인정받고자 하였어요. 통신사 일행은 많게는 4, 5백 명 수준이었으며 이들이 오가는 데에만 5~8개월이 소요되었다고 합니다.

　통신사는 조선 국왕이 일본에 보내는 외교 문서와 함께 인삼, 모시, 호피 등의 조선 산물을 일본에 주었고, 일본은 통신사를 정성을 다하여 대했어요. 또 이들은 조선의 선진 문화를 일본에 전해주는 역할도 하였답니다.

▲ 통신사 행렬도(국사편찬위원회)

3. 두 번에 걸쳐 후금(청)의 침략을 받다

임진왜란에서 조선을 도왔던 명나라는 전쟁 이후 국력[1]이 빠르게 약해져 갔어요. 이러한 때 만주 지역에 흩어져 살던 여진족을 하나로 통합한 **누르하치**가 후금[2]이란 나라를 세웠어요. **후금**은 강력한 군대를 앞세워 명나라를 침략하였죠. 후금의 침략을 막아내기 힘들었던 명나라는 임진왜란 때 도움을 준 것을 갚으라며 조선에 군대를 보내달라고 하였어요.

당시 조선을 다스리던 임금은 선조의 아들인 **광해군**이었어요. 광해군은 임진왜란의 피해를 수습하기 위해 토지와 인구를 다시 파악하여 세금을 걷을 수 있도록 하였고, 성곽과 무기를 수리하며 군사를 훈련시키는 등 나라를 정비하였지요. 전쟁의 피해를 회복하기도 전에 다시 후금과의 전쟁이 일어나게 될 것을 피하고자 광해군은 군대를 보내는 것을 늦추었어요(중립외교).

1) 국력 : 한 나라가 지닌 정치, 경제, 문화, 군사 따위의 모든 방면에서의 힘.

2) 후금 : 고려 시대에 여진족이 세웠던 금나라와 구분하기 위해 후금이라고 불러요.

▶ 〈병자호란의 배경〉

▲ 광해군 묘(경기, 남양주) – 부인 유씨와 함께 초라하게 묻혀 있습니다.

그러나 많은 신하들이 유교의 가르침을 따르는 나라로서 명나라와의 의리를 지킬 것을 요구하자, 광해군은 명나라를 도울 군대를 보냈지요. 이때 광해군은 조선군을 이끌 장수에게 후금의 군대와 치열하게 싸우기보다는 병사들을 살릴 방법을 찾으란 명령을 내렸다고 해요. 실제로 명나라와 후금 군대 간의 전투에서 후금 군대가 손쉽게 승리를 거두자 조선군은 항복하였어요.

이러한 소식이 들려오자 조선의 신하들과 유학을 공부하는 학자들은 광해군이 유교의 가르침을 어긴 임금이라고 생각하게 되었죠. 신하들이 이러한 생각을 하게 된 데는 광해군이 이전에 한 행동도 영향을 끼쳤어요.

광해군은 자신의 왕위를 위협한다고 하여 배다른 동생을 죽이고, 새어머니를 궁에 가두었거든요. 결국 일부 신하들은 광해군이 왕이 될 자격이 없다 하여 그를 왕위에서 내쫓고 새롭게 인조를 임금으로 세웠어요(**인조반정**, 1623년).

▲ 남한산성 성벽 – 인조와 조선군은 한 겨울에 성을 포위한 청나라 군대에 맞서 싸웠으나, 결국 항복하고 말았지요.

인조는 광해군의 실수를 바로잡는다며 명나라와 후금 사이의 전쟁에서 일방적으로 명나라 편을 들었어요. 결국 후금은 명나라와의 친선 관계를 끊기 위해서 조선을 공격해 왔어요. 조선군은 후금군에 맞서 싸웠으나 이를 막아내지 못하였고, 결국 후금과 형제의 나라가 되며 왕자를 인질로 보낸다는 조건으로 전쟁을 멈추었죠(**정묘호란**, 1627년).

이후 명나라와의 전쟁이 더욱 후금 쪽에 유리하게 진행되면서, 후금은 조선과 형제 관계를 맺었던 것을 군신[1]관계로 바꿀 것을 요구해 왔어요. 거기다 조선에 금과 말, 병사를 보낼 것까지 요청하였죠. 이에 많은 신하들이 차라리 후금을 먼저 공격하자고 주장하기도 하였어요.

나라 이름을 **청**으로 바꾼 후금은 결국 조선을 다시 침략해 왔어요(**병자호란**, 1636년). 인조는 강화도로 피하고자 하였으나, 발 빠른 청나라의 기병[2]들이 이미 강화도로 가는 길을 막았기 때문에 방향을 바꾸어 **남한산성**으로 피하였지요.

▶ 〈KBS역사저널 그 날 – 병자호란을 부른 조선의 대외 의식〉

1) 군신 : 임금과 신하의 관계.

2) 기병 : 말을 타고 싸우는 군대

더 알아보기

소현세자와 민회빈 강씨

소현세자는 인조의 장남으로 태어나 병자호란이 끝난 후 1637년에 26살의 나이에 아우 봉림대군과 함께 청나라에 인질로 끌려갔어요. 청의 수도였던 심양에서 인질로 생활하던 소현세자는 청나라 관리들과 교류를 하며 조선인 포로를 다시 돌려보내는 문제와 같은 외교 문제에 적극적으로 뛰어들었어요. 이때 소현세자의 부인인 민회빈 강씨는 하인들을 데리고 농사를 지으며 상업에도 힘써서 모은 재산으로 소현세자를 지원했죠.

청나라 조정에서는 조선이 자신들에게 저항할 생각을 하지 못하게 하고자 소현세자와 봉림대군을 자신들이 정복하는 지역마다 보내 청나라의 힘을 체험하게 하였죠. 마침내 명나라가 완전히 멸망하자, 소현세자와 봉림대군은 다시 조선으로 돌아올 수 있었죠.

그러나 인조는 청나라 관리들과 친밀하게 지내다가 돌아온 소현세자를 신뢰하지 않았어요. 청나라 세력과 손을 잡고 자신의 왕위를 위협할 수 있다고 보았던 거죠. 소현세자는 인조의 냉대 속에 조선으로 돌아온 지 두 달여 만에 병으로 숨을 거두었어요. 이후 인조는 자신이 먹으려던 전복에 누군가 독을 넣었다며, 범인으로 소현세자의 아내인 민회빈 강씨를 지목하여 죽음으로 몰았답니다.

남한산성에 갇힌 인조와 조선군은 한 달여 간 청의 군대에 맞서 싸웠으나, 식량이 떨어지고 성 주위의 포위를 풀지 못한 채 결국 항복하고 말았어요.

인조는 삼전도라는 나루터에서 청나라 황제에게 항복 의식을 치러야 했어요. 항복 조건에는 청나라를 황제의 나라로 섬길 것과 조선의 왕자들을 인질로 보낼 것 등이 있었지요.

또한 전쟁 중에 많은 조선 백성들이 청나라에 끌려가게 되었어요. 병자호란은 한 달 여 간의 짧은 기간 동안 일어났지만 임진왜란의 피해를 복구해가던 조선에 또 한 번 큰 피해를 끼친 전쟁이었답니다.

▲ 삼전도비(서울, 송파) – 청나라가 전쟁에 이긴 것을 기념하기 위해 세운 비석으로 원래 이름은 대청황제 공적비랍니다.

▶ 〈영화 『남한산성』 설민석 해설〉

▶ 〈문화유산채널 – 천혜의 요새, 남한산성〉

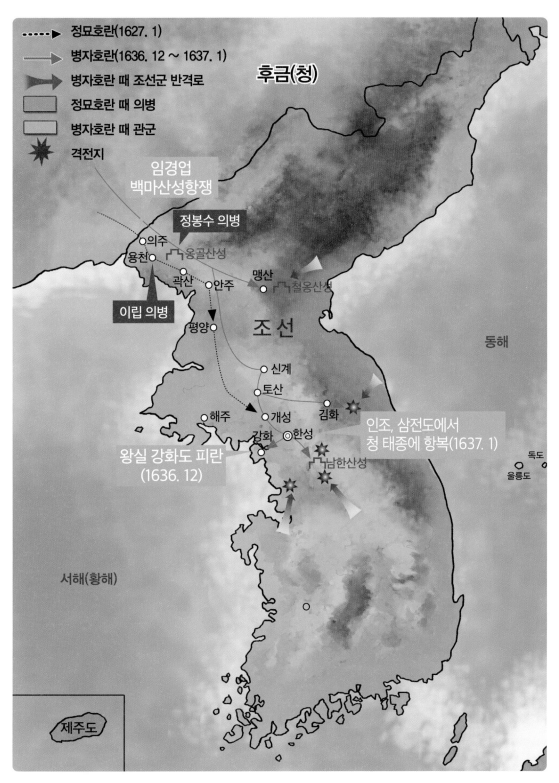

지도 안의 텍스트:

정묘호란(1627. 1)
병자호란(1636. 12 ～ 1637. 1)
병자호란 때 조선군 반격로
정묘호란 때 의병
병자호란 때 관군
격전지

후금(청)

임경업
백마산성항쟁

정봉수 의병

의주
용천
곽산
안주
맹산
옹골산성
절옹산성

이립 의병

평양

조 선

신계
토산

해주
개성
김화

강화
한성

인조, 삼전도에서
청 태종에 항복(1637. 1)

왕실 강화도 피란
(1636. 12)

남한산성

동해

독도
울릉도

서해(황해)

제주도

▲ 정묘호란과 병자호란

① 임진왜란은 조선에 어떤 영향을 주었을까?

1. 임진왜란의 결과에 따른 조선 사회에 미친 영향을 알맞게 선으로 이어 보세요.

임진왜란의 결과	조선 사회에 미친 영향
7년 간의 전쟁이 끝난 후 많은 수의 백성들이 죽거나 다쳤다.	세금을 걷지 못하여 국가를 제대로 운영할 수가 없게 되었다.
농사를 지을 땅이 부족하였고, 세금을 걷는데 필요한 문서가 불에 타 없어졌다.	군대 조직이 다시 만들어졌고, 새로운 무기 제작을 위해 노력하였다
전쟁 기간 중에 부족한 식량이나 물자를 얻기 위해 대가를 받고 공명첩을 발행하여 양반 신분을 내렸다.	인구가 줄어 농사지을 사람이 부족하였고, 조선의 국력이 크게 떨어졌다.
일본과의 전쟁 중에 효과적으로 싸우지 못한 점에 대해 반성이 있었다.	양반의 수가 크게 늘어나, 양반이 누리던 지위가 점차 약화되어 갔다.

2. 아래 빈 칸을 채워 임진왜란을 설명하는 말을 만들어보세요.

임진왜란은 조선에 [＿＿＿＿＿＿＿＿＿＿] 이었다.

왜냐하면 [＿＿＿＿＿＿＿＿＿＿＿＿＿＿＿＿] 이기 때문이다.

② 내가 만약 인조 임금이었다면?

1. 병자호란에 대해 생각해봅시다.

　　광해군은 임진왜란을 겪으며 전쟁의 비참함에 대해 누구보다 잘 알고 있었어요. 광해군이 임금의 자리에 오른 후 중국에서는 여진족(후에 청나라)이 점차 힘이 강해져 본래 중국을 차지하고 있던 명나라를 몰아내고 있었지요. 광해군은 명나라와 여진족의 사이에서 중립을 지키려고 했습니다(중립외교).

　　하지만 이러한 생각은 일부 양반들에게 큰 반감을 샀습니다. 조선의 근본인 유교에서는 무엇보다 의리를 중요하게 생각했지요. 이들은 임진왜란 때 조선을 도와준 명나라의 어려움을 못 본 체하는 것은 의리를 어기는 일이라 생각하였어요.

학습
활동지

결국 광해군은 반대 세력에 의해 왕위에서 쫓겨 나고 그를 대신하여 인조가 임금의 자리에 오릅니다(인조반정). 인조는 명나라를 도와 임진왜란 때 입은 은혜를 되갚아야 한다고 생각했어요. 인조가 왕위에 올라 청나라를 적으로 대하자, 청나라는 명나라와의 전쟁 중에 조선으로 눈길을 돌려 쳐들어오게 됩니다. 청나라에 도저히 이길 수 없음을 깨달은 최명길과 같은 신하들은 항복을 주장합니다. 항복을 주장하는 그의 생각을 들어봅시다.

▶ 〈명분이냐? 실리냐? 최명길 VS 김상헌〉

> **최명길 :** 강력한 청나라와 싸우는 것은 나라를 망하게 하는 것과 마찬가지입니다. 비굴하게 보일지 모르지만 항복합시다. 저 산처럼 쌓여가는 백성들의 시체를 보십시오.

하지만 그에 반대하는 김상헌과 같은 신하들은 그의 의견에 대해 이렇게 반박합니다.

> **김상헌 :** 어찌하여 비굴하게 항복을 한 단 말입니까? 비록 피해가 크더라도 우리는 끝까지 싸워야 합니다.

여러분이 인조 임금이라면 어떤 선택을 내렸을까요?

★ 내가 인조 임금이었다면 청나라와의 문제를 어떻게 해결해 갔을까요?

★ 그 이유는 무엇인가요?

문제로 정리하기

1 1592년 일본은 [ ] 나라를 정벌하겠다며 조선에 길을 빌려달라며 부산을 공격해왔어요. 이렇게 시작된 전쟁이 임진왜란이죠.

2 임진왜란 시기 조선 수군을 이끌고 일본 수군을 상대로 여러 차례 승리를 거둔 장수로, 충무공이라고도 불리는 장군의 이름은 무엇인가요?

[ ] [ ] [ ]

3 후금과 명나라가 서로 힘대결을 펼칠 때 중립외교를 통해 조선의 안전을 지키려 하였던 임금은 누구인가요? (   )
① 성종   ② 선조   ③ 인조   ④ 광해군   ⑤ 연산군

4 청나라의 침입을 받아 시작된 전쟁으로, 인조가 남한산성으로 피하여 한 달 여 간 싸웠으나 끝내 삼전도에서 항복하여 끝난 전쟁의 이름은 무엇인가요?

[ ] [ ] [ ] [ ]

정답 **1** 명 **2** 이순신 **3** ④ **4** 병자호란

1) 붕당 : 학문이나 정치적으로 생각을 같이하는 사람들의 정치 집단

2) 탕평책 : 탕평은 어디에도 치우치지 않고 바른 길을 간다는 '탕탕평평'이란 말에서 따온 말로, 임금이 신하들 사이에서 어디에도 치우치지 않는다는 것을 뜻함. 그러한 정책을 탕평책이라 함.

3) 규장각 : 학자들이 학문을 연구하고 나라의 정치를 의논하던 왕실 도서관. 정조는 이곳에서 나라의 중요한 문제를 신하들과 함께 연구하며, 개혁 정치를 펴나갔답니다.

1. 영조와 정조, 강력한 왕권으로 탕평책을 펼치다

조선 후기로 가면서 학문과 정치에 대한 생각을 같이 하는 무리들이 뭉치면서 붕당¹⁾을 이루어 상대 세력을 공격하는 정도가 한층 심해졌어요. 이러한 다툼이 한창이던 때에 임금이 된 **영조**는 탕평책²⁾을 내세워 신하들이 서로를 인정하며 임금이 올바른 정치를 펼치게 돕는 역할을 하도록 노력하였죠. 그러한 노력은 다음 왕인 **정조** 대에도 이어졌어요. 정조는 강력한 임금의 힘을 바탕으로 신하들이 서로 다투는 것을 막고자 했어요.

정조는 규장각³⁾을 설치하여 신하들을 새로 뽑아 학문을 연구

▲ 탕평비(서울 종로) 성균관 대학교 정문 입구에 있습니다.

▶ 〈문화유산채널 – 수원 화성〉

▲ 수원 화성 화서문 – 정조가 강력한 왕권을 보여주기 위해 세운 성이에요.

하게 하였어요. 새로운 인재들이 정조가 새로운 정치를 펼치는
것을 돕도록 했던 거죠.

이러한 가운데 나라가 어느 정도 안정되자 정조는 강력해진
왕권을 바탕으로 지금의 수원에 **화성**이라는 새로운 도시를 건
설하였어요. 이때 **거중기**를 사용하는 등 새로운 기술과 도구
가 쓰였지요. 또한 서울에서 수원 화성에 가기 위해 **배다리**
를 만들어 한강을 건너기도 하였죠. 이는 조선 후기 과학 기술
의 발전을 보여줍니다.

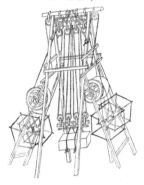

▲ 거중기 – 화성 건설에 쓰
였던 기계로, 무거운 것을 들
어 올릴 때 쓰였어요.

정조, 일부 상인들의 특권(금난전권)을 없애다!
정조가 나라를 다스리던 당시 한양 안에서는 '시전상인'들
만이 장사를 할 수 있었어요. 시전 상인들은 나라가 필요
로 하는 물건을 세금 대신에 구해주는 대가로 한양 안에
서 자신들만이 장사를 할 수 있는 특권(금난전권)을 누렸
죠. 그러나 정조는 일부 물건을 제외한 나머지 물건에 대
해서는 자유롭게 물건을 사고 팔게 하여서 백성들의 생활을 돕고자 하였어요.

더
알아보기

2. 새로운 사회의 가능성이 보이다

조선 후기로 가면서 조선 사회의 근본을 이루던 신분 제도가
점차 흔들리게 되었
어요.

조선은 나라를 위해
일하는 관리이자 성
리학을 공부하는 학
자인 양반이 중심을
이루는 나라였어요.
그러나 임진왜란을

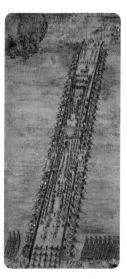

▲ 배다리(화성능행도) – 정
조가 한강을 건널 수 있도록
배들 위에 나무판자를 얹어
만든 다리예요.

지배층

양반

중인
(서리 · 향리 ·
기술관 · 서얼 등)

피지배층

상민
(농민 · 수공업자 · 상인)

천민
(노비 · 백정 · 창기 · 광대 · 무당 등)

▲ 조선시대의 신분제도

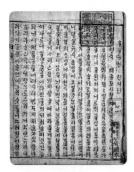

▲ 허균의 홍길동전
허균은 한글 소설인 홍길동전에서 당시 사회의 문제점들을 드러냈어요. 양반들의 잘못된 점. 사회의 부정 부패 등을 보여준 것이죠.

치르고 나라 살림이 바닥나자 **납속책**이라 하여 돈을 받고 벼슬을 팔았어요. 그 결과 양반의 숫자가 급격하게 늘어나게 되었지요. 이후 조선 후기에 와서 양반들 사이에 권력 다툼이 점차 심해지면서 중앙에서 권력을 잡은 일부 양반들을 제외한 나머지 다수의 양반들은 힘을 잃게 되었어요. 이들 중 일부는 상민들보다도 못한 삶을 살게 되었지요.

▲ 길에서 양반을 만났을 때의 모습 – 엄격한 신분사회였던 조선에서는 신분이 낮은 사람이 양반을 만나면 몸을 낮춰 인사했어야 해요.

▲ 자리짜기(김홍도 단원풍속도첩 국립중앙박물관) – 일부 힘을 잃은 양반들은 돗자리를 짜거나 허드렛일을 하며 생계를 이어가야 했어요.

반면 일부 상민들 중에는 농사를 짓거나, 장사를 하여 큰 부자가 된 사람들이 생겨났어요. 조선 후기에는 **모내기법**이라 하여 새로운 농사법이 널리 행해졌는데, 모내기법으로 농사를 짓게 되면 예전에 비해 들이는 노동력이 적어지고, 더 많은 수확을 얻을 수 있었죠. 그리하여 상민이나 천민 중에도 농사를 잘 지어 성공하는 사람들이 생겼어요.

또한 시장이 발달하면서 쌀을 비롯한 인삼, 담배, 채소 등이 활발히 거래되었고, 광산의 개발과 수공업[1]자들의 물건 생산이 늘어나면서 이들 분야에서 성공하는 상민들이 점차 늘어나게 되었죠.

이렇게 부를 쌓아간 상민들 중 일부는 양반의 신분을 사기도

1) 수공업 : 기계공업이 발달하기 이전에 사람이 손발로 재료를 가공하여 물건을 만들어내는 공업 형태.

하였어요. 나라에서는 전쟁이나 재난이 생기면 부족한 세금을 메우기 위해 곡식이나 옷감 등을 받고 명예만 있는 벼슬을 주기도 하였거든요. 또한 몰락한 양반들은 자신의 족보[2]를 다른 이에게 팔기도 하였어요. 그러한 일이 늘어가면서 점차 신분 질서는 흔들리게 되었던 거예요.

▲ 모내기법 – 논에 직접 볍씨를 뿌리는 것이 아니라, 모판에서 볍씨의 싹을 틔운 후 심는 농사 방법이에요. 모내기 방식으로 농사를 지으면 충분한 물만 있으면 예전에 비해 더 많은 벼를 수확할 수 있었어요.

▲ 대장간(김홍도 단원풍속도첩 국립중앙박물관) – 조선 후기로 오면서 이윤을 낼 수 있는 상업과 수공업이 점차 발전해갔어요.

3. 새로운 문화의 모습이 나타나다

성리학이 지배하던 조선 사회에서는 임진왜란 이후 점차 시간이 지나면서 **실학**이라는 새로운 학문이 나타났어요. 실학은 17세기 이후 드러난 사회·경제적 변화에 따른 문제들을 해결하고자 연구하는 과정에서 나타난 학문입니다.

당시 조선 사회를 지배하던 성리학은 현실의 문제들보다는 지나치게 이론과 형식에 주목하였어요. 실학은 이러한 성리학의 문제점을 반성하면서 역사, 지리, 과학, 농사 등 여러 방면에서 실제 백성의 삶에 도움을 줄 수 있는 방법을 연구하였죠.

▲ 목민심서
목민관은 고을을 다스리던 관리를 뜻해요. 정약용은 이 책에서 당시 사회의 부정 부패가 지방 관리들이 본래 맡은 임무를 제대로 하지 못하여 일어났다고 하였죠.

▲ 청화백자
백자 위에 청색 안료로 무늬를 그린 자기예요. 조선 후기 때 유행하였답니다.

특히 실학자들은 새로운 **농사 기술**을 보급하고 **토지 제도**를 바꿔 농민들의 생활을 안정시켜야 한다고 주장했습니다. 또, 청의 문물을 적극적으로 받아들이고 **상·공업**을 발달시켜야 한다고 했어요. 우리의 **역사, 지리, 언어, 자연** 등에 대한 연구도 중요하게 생각하고 연구하였지요.

대표적인 실학자로는 수원 화성 건설 때 거중기를 제작하였던 **정약용**이 있답니다. 그는 오랜 유배 생활 중에도 백성을 위한 연구를 계속하였어요. 과학기술뿐만 아니라, 경제, 정치, 농업 등 다양한 분야에서 실생활에 도움이 되는 500여 권의 책을 집필하였지요. 그 중『목민심서』는 지방관이 지켜야 할 내용을 담은 책으로 오늘날까지도 많은 교훈을 주고 있답니다.

지리학자이자 실학자인 **김정호**는 총 22권으로 이루어진 우리나라 전도인『대동여지도』를 제작하였어요. 현재의 지도와 비교해도 손색이 없을 만큼 정확하고 상세한 지도로 그 가치가 매우 높답니다.

이렇게 훌륭한 연구에도 불구하고 실학자들은 자신들의 주장을 중앙 정계에 진출하여 널리 펼치지는 못하였어요. 정약용은 정조시기에 높은 벼슬에 오르기도 하였지만, 정조가 갑자기 죽자 벼슬에서 물러나 귀양을 떠나야 했지요. 당시 정치 상황을 바꾸지 못한 한

▲ 대동여지도

▲ 봉산탈춤

▲ 옹기(장독)

▲ 문자도(민화)

계가 있었지만, 실학자들은 많은 책을 저술하여 남김으로써 이후 조선의 지식인들에게 영향을 주었답니다.

조선 후기에 상공업이 발달하고, 농업 생산력이 늘어나면서 점차 **서민들의 문화가 발달**해갔어요. 서민들도 교육을 받을 수 있는 기회가 늘어나면서 서민들이 여러 종류의 문화 예술 활동에 참여하였던 거예요. 대표적인 예로 **한글 소설, 판소리, 탈춤, 풍속화**가 있답니다.

▲ 김만덕

아울러 공예 부문에서는 **백자**가 민간에까지 널리 사용되었고, 각종 제사 지내는 도구와 글을 쓸 때 사용하는 붓, 벼루 등의 생활 용품이 많이 제작되었어요. 또한 주로 서민들이 사용하였던 옹기도 여러 형태로 만들어졌지요.

▲ 규합총서

더 알아보기

여성 실학자 빙허각 이씨와 여성 경제인 김만덕

조선 후기에는 여성들의 사회 활동이 억압 받는 분위기가 강하였지만, 일부 여성들은 문화와 경제면에서 활약하기도 하였어요. 조선 후기 여성 실학자로서 유명한 빙허각 이씨는 '규합총서'라는 책을 써냈어요. 그녀는 실생활 속에서 가정을 꾸려가는 데 필요한 다양한 분야의 지식들을 모아서 백과사전과 비슷한 책을 펴냈죠. 규합총서에는 음식의 조리방법과 바느질 방법, 농사짓는 방법, 아이를 기르거나 가족의 건강을 관리하는 방법 등과 같은 방대한 지식이 담겨 있었죠.

한편 김만덕은 제주도에서 상인으로서 활약하였어요. 김만덕은 육지와 제주도의 물품을 사고파는 일을 하여 큰 부를 이루었어요. 제주도에 기근이 들자 김만덕은 자신의 재산을 기부하여 제주도민을 살려내는 데 도움을 주었지요. 정조 임금은 김만덕의 선행을 기려 그녀가 바라던 금강산 여행을 할 수 있도록 해주었답니다.

4. 세도 가문의 횡포로 백성들이 고통 받다

▶〈지니키즈
 – 세도정치, 조선을
 병들게 하다!〉

1) 가문 : 같은 성씨를 쓰는
 가족들의 집단.

2) 관직 : 관리의 지위, 자리.

▶〈KBS 역사저널 그날 –
 부패하는 세도정치〉

강력한 왕권을 바탕으로 나라를 다스렸던 정조가 갑자기 숨을 거두면서 그의 아들 순조가 11살의 어린 나이에 왕위에 올랐어요. 그러자 어린 임금을 대신해 왕비의 가족들이 나랏일을 도맡아 다스리는 일이 일어났어요. 이를 세도 정치라고 하였죠.

이렇게 일부 가문[1]이 권력을 독차지하면서 나라와 백성을 위하지 않고 자신들의 이익을 위한 정치를 시작했어요. 이들은 나라의 중요한 관직[2]을 거의 독차지하였고, 일부 관직을 사고 팔기도 하며 자신들의 배를 채워갔지요.

이러한 사회 분위기 속에 지방의 관리들은 자신들의 이익을 위해 백성들에게 강제로 세금을 물리거나, 곡식을 빌려 가도록 한 후 이자를 많이 챙기는 등의 잘못을 저질렀죠. 또 이즈음에 질병과 자연재해로 흉년이 거듭되면서 많은 백성들이 큰 고통을 받았답니다.

세도 정치는 새로운 사회로 나아가던 조선 사회에 많은 문제들을 일으켰어요. 우선 일부 가문만이 권력을 차지하면서, 많은 양반들이 중앙 권력에서 멀어지게 되었지요. 그리하여 몰락하는 양반들이 늘어났어요. 또한 세도 정치 아래의 관리들이 자신의 이익을 위해 농민이나 상인들을 상대로 재물을 빼앗는 일이 자주 일어났죠.

백성들의 삶이 점차 어려워지면서 조선 사회에 대한 불만은 커져갔어요. 많은 백성들이 세금 부담을 피해 도망을 가거나, 일부는 도적이 되기도 하였죠. 또한 일부 백성들은 관리들의 횡포를 비난하는 글을 붙이거나 폭로하기도 하였어요. 더 나아가서 일부 농민들은 힘을 합쳐 부패한 관리를 공격하기도 하였죠.

　1862년에는 전국에 걸쳐 농민들이 부패한 관리들에 저항하는 농민 봉기[3]가 연이어 일어났어요. 비록 이러한 농민 봉기는 세도 정치의 잘못을 바로잡는 데는 성공하지 못하였으나, 고통받던 백성들이 잘못된 정치를 스스로 바로 잡고자 하는 생각을 키워주었죠.

3) 봉기 : 여러 사람들이 힘을 모아 권력에 저항하기 위해 떨치고 일어나는 것.

◀ 진주 농민항쟁 기념탑

세도 정치가 한창이던 19세기 후반에 진주 지역의 관리들이 갖가지 명목으로 농민들에게 세금을 거두어 착취하는 일이 있었어요. 농민 대표들이 관청에 항의해보았지만 받아들여지지 않자 성난 농민들이 관청을 공격하고 진주성을 점령하는 일이 일어났어요. 이를 진주 농민항쟁이라 부르지요(1862년).

① 조선 후기 사람들을 인터뷰 해 봅시다

1. 그림에 대한 설명을 잘 듣고 아래의 등장 인물 중에 한 명을 인터뷰 해
   봅시다.

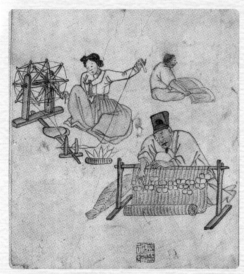

▲ 김홍도의 『자리짜기』

조선 후기 몰락한 양반 가문의 모습을 보여줍니다. 아래 돗자리를 짜는 남자는 머리에 쓴 것으로 보아 신분이 양반으로 보입니다. 양반은 일을 하지 않고 공부에 전념하며 집안 살림은 하인들에게 맡기는 것이 보통이었죠.

그러나 이 그림에서 양반 남자는 돗자리를 짜 생계를 유지하는 것으로 보입니다. 또한 양반의 아내로 보이는 여성 또한 물레를 돌려 실을 꼬며 일을 하고 있는 모습입니다. 마지막으로 그림 오른쪽 위의 남자아이는 양반 집안의 자식으로 책을

읽고 있습니다.

이를 볼 때 부모는 일을 하여 생계를 책임지려 하고 있으나, 자식만은 공부를 시켜 과거에 합격시켜 가문을 다시 일으키고자 하였던 것으로 보입니다.

★ 이 그림에 등장하는 인물 중에 누구에게 질문을 하고 싶나요?

★ 내가 질문하고 싶은 내용은 무엇인가요?

★ 그 질문에 예상할 수 있는 대답은 무엇인가요?

② 조선 후기 사회의 모습 살펴보기

1. 아래 그림을 살펴보고, 그림과 그림 설명을 통해 알 수 있는 조선 후기 사회의 모습에 대해 적어봅시다.

전국 각지의 시장을 떠돌며 장사하는 상인들의 모습입니다. 말을 탄 채 여러 물건들을 가지고 시장을 오가는 모습이 그려져 있어요.

그림을 통해 알 수 있는 조선 후기 사회의 모습

대장간의 모습으로 본래 조선 전기만 해도 대장간은 나라에서 운영하였으며, 기술자들은 나라에 고용되어 나라에서 주문한 물건을 위주로 제작을 하였습니다.

그러나 조선 후기로 오면서 대장간을 일반 사람들이 세운 후 물건을 만들어 사람들에게 판 후, 나라에는 세금을 내는 형태로 점차 바뀌었어요.

그림을 통해 알 수 있는 조선 후기 사회의 모습

① 화성이 건설되다

정조는 아버지 사도 세자의 무덤을 좋은 땅이라 여겨지던 현재 수원의 화산이란 지역으로 옮겼어요. 정조는 사도세자의 무덤을 옮기면서 무덤 주변에 살던 주민들이 옮겨 살 수 있는 터전을 마련해주고, 임금의 위엄을 나라에 떨치기 위해 **화성** 건설에 나섰지요. 1794년부터 시작된 화성 공사에는 여러 가지 새로운 기술들이 쓰였는데, 서양의 건축 기술도 일부 도입되었어요. 그래서 성의 바깥쪽에는 설계할 때부터 대포를 설치할 자리를 만들었고, 항아리 모양으로 성문을 둘러싼 방어 시설(옹성)도 만들었죠.

처음 화성을 건축하는 데 10년이 걸릴 것이라 예상하였지만, 불과 2년 4개월 만에 완성되었지요. 이렇게 짧은 시간 안에 화성을 지을 수 있었던 건 새로운 기계들을 활용했기 때문이에요. 이때 쓰인 기계들은 『화성성역의궤』라는 책에 담겨 있는데 **거중기** 같은 발달된 기술이 담긴 기계들이 대표적이었어요. 또한 화성을 짓는데 동원된 백성들에게 급료[1]를 지급하여 공사 기간을 단축할 수 있었답니다.

▲ 화성 화서문과 공심돈 : 가운데 항아리 모양의 옹성을 만들어 적으로부터 성문을 방어하였어요.

▲ 서장대(화성장대) : 장군이 올라 적을 내려다보고 지휘할 수 있도록 만든 곳이에요.

---

1) 급료 : 일한 대가로 받는 보수

② 조선 후기 백성들의 어려움

조선 후기에는 잦은 자연재해가 일어났죠. 이때의 대표적인 자연재해로는 홍수, 가뭄이 있었고, 이로 인하여 농사가 잘 되지 않아 굶어죽는 사람들이 많았다고 해요. 또한 콜레라와 장티푸스(괴질), 천연두(두창)와 같은 전염병이 온 나라를 덮쳐 많은 사람들의 목숨을 빼앗아 갔습니다. 특히 콜레라와 장티푸스는 일찍이 우리나라에는 없었던 질병으로, 중국과 일본에서 들어왔지요. 이들 병은 괴이한 질병이라는 말을 따 '괴질'이라고 불렸지요. 또한 1820년에 대홍수와 그다음 해에 유행한 콜레라로 인해 수 많은 백성들이 목숨을 잃었다고 해요.

하지만 자연재해와 전염병보다 더 백성들을 괴롭힌 것은 바로 탐관오리들이었어요. 탐관오리는 욕심이 많고 깨끗하지 못한 관리라는 뜻을 가진 말입니다. 탐관오리들의 행동에 대해서 알아볼까요?

조선 후기 과거시험이 제대로 실시되지 않으면서 벼슬을 돈을 주고 사고파는 일이 많이 벌어집니다.

엄청난 돈을 들여 벼슬자리에 오른 탐관오리들은 들인 돈보다 더 많은 돈을 벌기 위해 온갖 구실을 들어 백성들의 재산을 빼앗아 갔어요.

특히 가난한 백성들을 위해 곡식이 부족할 때 곡식을 빌려주고, 추수한 뒤에 갚게 하는 환곡 제도는 탐관오리들의 좋은 돈벌이 수단이 되었어요.

터무니 없는 세금을 물려 도망가는 사람들이 늘어나자 탐관오리들은 이웃이나 가족이 못낸 세금을 대신 내도록 하여 백성들의 부담은 날로 커져만 갔죠.

③ 조선 후기의 신분 변화

조선 후기로 오면서 사회의 지배층인 양반의 숫자가 점차 늘어갔어요. 이렇게 양반의 숫자가 크게 늘어난 것은 농민들이 양반의 특권인 군대와 관련된 세금을 면제받는다는 점을 노린 것입니다. 그리하여 합법적으로나 불법적으로 양반의 신분으로 탈바꿈하려고 노력했어요.

아래와 같이 울산 지역에 등록된 사람들의 신분을 보면, 1729년만 해도 양반의 숫자가 전체의 26% 정도였는데, 1867년으로 오면서 전체 인구의 65% 가까이가 양반임을 알 수 있어요.

이렇게 양반의 숫자가 늘어나면서, 일부 양반들은 예전처럼 많은 교육을 받고 넓은 토지를 가진 지배층으로서의 사회적 지위를 유지하지 못하였어요.

울산 지역의 신분 비율 변화

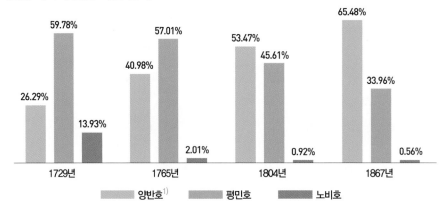

▶ 〈EBS교양–역사채널e
조선의 갑(甲), 양반〉

---

1) 호 : 가족으로 구성된 집. 집을 세는 단위로 쓰여요.

문제로 정리하기

1 영조가 내세운 정책으로, 임금이 신하들 사이에서 철저히 중립을 지킴으로써 신하들 간의 다툼이 일어나지 않도록 한다는 뜻의 정책은 무엇인가요? ☐ ☐ ☐

2 정조가 죽고, 그의 아들인 어린 순조가 임금이 되자 일부 가문이 권력을 독차지 하였던 ☐ ☐ ☐ ☐ 가(이) 이루어지게 되었어요. 이렇게 시작된 ☐ ☐ ☐ ☐ 는(은) 철종 대까지 60여 년에 걸쳐 이어졌답니다.

3 조선 후기 사회의 변화로 가장 알맞은 것은? ( )
① 상업과 수공업이 발전하지 못하였다.
② 세도 정치로 인해 백성들의 삶이 더 나아졌다.
③ 서로를 인정하며 함께 협력하는 정치가 이루어졌다.
④ 농민들의 생활이 점차 나아져 사회가 안정되어 갔다.
⑤ 권력에서 멀어진 일부 양반들이 몰락하는 일이 일어났다.

4 정조가 왕의 힘을 떨치기 위해 수원 주변에 세운 성으로, 거중기 등의 새로운 기구가 건설에 쓰였던 성의 이름은 무엇인가요?

☐

정답 **1** 탕평책 **2** 세도정치, 세도정치 **3** ⑤ **4** 화성

조선, 근대 사회로 나아가기 위한 노력

1. 조선, 나라의 문을 열다

조선 제25대 왕인 철종이 자신의 뒤를 이을 왕자가 없이 죽자, 왕족 중에 흥선 대원군[1]의 아들이 다음 왕위를 잇게 되었어요. 그가 바로 고종 임금이죠. 처음에는 어린 고종을 대신하여 아버지인 **흥선 대원군**이 실질적으로 나라를 다스렸습니다. 흥선대원군은 세도 정치의 잘못된 점을 고치고 나라의 힘을 키우기 위해 여러 가지 개혁정책을 펼쳤답니다. 이즈음 서양의 배들이 조선의 바다 근처에 나타나 나라의 문을 열어 달라고 청하는 일이 늘어났죠. 그러나 흥선 대원군은 나라의 문을 굳게 걸어 잠그고, 다가오는 서양 세력에 맞서기로 결정했어요.

1) 대원군 : 조선시대 때 왕위를 이을 왕자가 없을 경우 왕족 중에 알맞은 자를 뽑아 왕위를 잇게 하였음. 이때 새로운 왕의 친아버지를 대원군이라고 부름.

▲ 흥선 대원군

▲ 절두산 유적(서울, 마포) – 천주교를 믿는 많은 사람들이 잡혀 목숨을 잃었던 곳이에요. 잠두봉이라고도 합니다.

> **더 알아보기**
>
> **흥선대원군의 개혁정책**
>
> 흥선대원군은 세도정치의 각종 폐단을 없애기 위해 세도 가문의 세력을 약화시키고 왕의 힘을 강화하기 위한 다양한 정치를 펼쳤어요. 이를 위해 먼저 문벌을 가리지 않고 유능한 인재를 골고루 등용하였고, 안동김씨 일족을 권력에서 몰아내기 위해 노력했답니다.
>
> 또한 민생을 안정시키고 나라의 살림을 늘릴 수 있도록 '호포제'를 실시하여 양반도 병역세인 군포를 내도록 하였답니다. 이러한 정책은 일반 백성들에게 많은 지지를 받았지요. 그리고 전국 각지에 있던 서원이 그 지역 백성들을 착취하고 괴롭히자 서원을 대부분 없애도록 지시하였죠. 유교국가인 조선에서 이러한 정책은 당시 유생들의 엄청난 반발을 불러일으켰지만, 흥선대원군은 반대에도 무릅쓰고 결단을 내렸답니다.
>
> 하지만 흥선대원군은 왕권을 강화하기 위해 무리하게 경복궁을 다시 짓도록 함으로써 백성들을 힘들게 하고, 화폐를 과도하게 발행하여 물가를 폭등시키는 등 백성들로부터 원성을 사기도 했어요.

또한 서양에서 온 천주교[2] 선교사와 수많은 신자들을 탄압[3] 하였지요. 흥선 대원군을 비롯한 지배층들은 천주교가 사람은 모두 평등하다고 하며 신분 질서를 해친다고 보았거든요.

그러던 중 프랑스인 신부들이 조선 정부에 의해 죽임을 당하자, 이를 이유로 중국에 와 있던 프랑스 함대가 강화도를

2) 천주교 : 서양에서 전해진 종교로, 천주(하느님)를 믿는 가톨릭을 말함.

3) 탄압 : 무력이나 권력 따위로 억눌러 꼼짝 못하게 함.

▲ 정족산성(삼랑성) – 병인양요 때 양헌수 장군이 이끄는 조선군이 프랑스군을 물리친 곳이에요.

▲ 외규장각 – 강화도에 왕실의 책들을 보관하기 위해 만든 곳이 외규장각이에요. 병인양요 때 이곳에 있던 많은 책(외규장각 왕실의 궤)이 프랑스군에 의해 약탈당했다가, 지금은 일부가 우리나라로 돌아왔죠.

선생님 질문 있어요

Q 천주교가 왜 조선 사회를 무너뜨린다는 거죠?

A 조선 사회는 엄격한 신분제 사회였어요. 태어나면서부터 양반, 평민, 노비가 정해지는 조선 사회에서 모든 사람의 평등을 주장하는 천주교가 퍼지면 그러한 사회질서가 무너질 수 있다고 걱정한 거랍니다.

4) 약탈 : 힘으로 남의 것을 빼앗음

공격해왔어요. 강화도를 지키던 군사들이 맞서 싸웠으나 후퇴하는 프랑스 군에 의해 외규장각 도서 등 수많은 문화재가 약탈[4]당하고 말았죠. 이를 **병인양요**(1866년)라고 해요.

병인양요가 있기 직전에는 미국의 상선 **제네럴 셔먼호**가 조선땅에서 장사를 할 수 있게 해달라며 평양 대동강에서 행패를 부렸어요. 그러자 평양 지역 조선군과 백성들이 제네럴 셔먼호를 공격하여 불태웠죠.

이를 구실로 삼아 미국은 1871년, 1,200여 명의 병사들을 실은 함대를 보내 강화도를 공격하였어요. 어재연 장군을 비롯한 조선군이 목숨을 걸고 미군에 맞서 싸웠으나 많은 피해를 입었죠. 이후 미군은 조선군의 저항이 계속되자 물러갔는데, 이 사건을 **신미양요**(1871년)라고 해요.

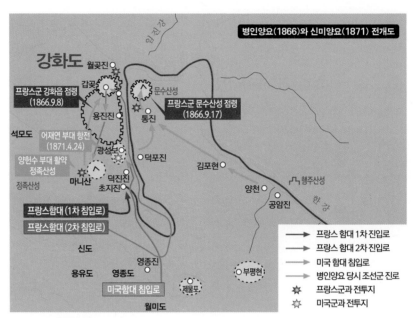

▲ 병인양요와 신미양요의 전개도

▲ 신미양요 때의 미국 군인의 모습 : 미국 군함 콜로라도 호에서 미국 군인들이 어재연 장군의 깃발을 빼앗아 간 후 모습이에요.

▲ 강화도 초지진 : 신미양요 때 미국에게 점령당하였던 곳이에요.

▶ 〈역사채널e
– 신미양요〉

1) 문물 : 정치, 경제, 종교, 예술, 법률 따위의 문화에 관한 모든 것.

프랑스와 미국의 연이은 침략을 막아낸 흥선 대원군은 서양에 결코 문을 열지 않겠다는 의지를 담아 전국 곳곳에 **척화비**를 세웠어요. 흥선 대원군의 이러한 결정은 서양의 침략을 일시적으로는 막아낼 수 있었지만, 조선이 새로운 나라로 발전할 수 있는 기회를 늦추었다는 평가를 받기도 해요. 왜냐하면 이러한 흥선 대원군의 결정으로 인해 서양의 발달된 문물[1]을 받아들이는 시기가 늦어졌기 때문이지요.

▲ 척화비 – 서양 세력이 쳐들어오는데 싸우지 않는 것은 나라를 파는 것과 같다는 내용이 적혀 있어요. 흥선 대원군이 전국에 명령하여 세우게 했답니다.

▲ 강화도 조약이 맺어지는 모습 – 강화도 조약은 일본의 강압에 의해 맺어진 조약이었어요.

조선이 서양에 문을 열지 않은 반면 일본은 발 빠르게 서양에서 무기와 배, 대포까지 들여와 새로운 군대를 갖추었어요. 일본은 새로 갖춘 군대를 이끌고 강화도를 공격하여 많은 조선군과 민간인들까지 죽였어요. 또한 조선군이 일본군을 상대로 먼저 대포를 쏴 전투가 일어난 거라며 조선 정부에 손해 보상과 개항[2]을 요구했지요.

이후 조선은 일본의 협박에 못 이겨 일본에 문을 여는 조약[3]을 맺고 말았어요. 이를 **강화도 조약**(1876년)이라고 하지요. 강화도 조약은 우리가 **외국과 맺은 최초의 근대적 조약**이지만 일본이 조선의 바다를 측량할 수 있게 해준다거나, 일본 사람이 조선에서 잘못을 저질러도 처벌할 수 없다는 등의 **불평등한 내용**을 담고 있었어요.

이처럼 굳게 닫혔던 조선의 문은 마침내 일본에 의해 열리고 말았지요. 이후 서양의 여러 나라들 또한 일본과 마찬가지로 조선과 조약을 맺음으로써 조선의 문은 완전히 열리고 말았답니다.

▶ 〈역사채널e – 개항 전 조선의 초상화〉

2) 개항 : 항구를 열어 외국과 교류함.

3) 조약 : 나라끼리 맺는 약속.

▶ 〈역사e뉴스 – 강화도 조약〉

2. 생활모습이 바뀌어 가다

더 알아보기

커피
커피가 들어올 당시 이름을 '가배'라고도 하였으며, 색깔과 맛이 검고 쓰며 서양에서 들어온 탕이라 하여 '양탕국'으로 불리기도 함.

강화도 조약이 맺어지고, 서양의 여러 나라와도 조약이 맺어지면서 서양 문물이 빠르게 조선으로 들어왔어요. 서양 문화가 전해지면서, 사람들의 생활 모습도 점차 변해갔죠.

먼저 식생활에서는 궁궐 안의 왕족들과 높은 관리들을 중심으로 서양 음식이 유행하기 시작했어요. 이때 조선에 **커피**, **빵**, **케이크**, **과자** 등이 들어오기 시작했지요. 그리고 중국에서 들어온 사람들이 **짜장면**, **찐빵**과 같은 음식을 선보였고 **어묵**, **단무지**와 같은 일본 음식도 들어왔어요.

음식뿐만 아니라 식사 예절 또한 바뀌어 갔는데, 예전에는 '독상'이라 하여 혼자서 상을 받는 방식이 주를 이루었으나, 이후 서양의 풍습을 따라 둘이서 먹는 '겸상' 또는 지금처럼 여럿이 한 상에 먹는 '두레상'이 점차 퍼져나갔어요.

또한 옷 입는 문화에도 커다란 변화가 일어났어요. 상류층을 중심으로 지금처럼 **양복**을 입고 양말과 구두를 신는 것이 유행처럼 번졌고, 여성들은 서양 옷과 비슷하게 만든 개량 한복을 입기도 하였죠. 남자 옷으로도 **마고자**, **조끼** 등과 같은 새로운 한복이 유행하였어요.

▲ 독상
예전 양반집에서는 손님들에게 각자 상을 차려 대접하였답니다.

▲ 정관헌(덕수궁)
커피 애호가인 고종이 이곳에서 커피를 즐겨 마셨다고 합니다.

이와 함께 집과 건물에도 변화가 생겼어요. 본래 조선의 전통 문화에서는 집을 지을 때 남성의 공간인 사랑채와 여성의 공간인 안채로 구분하여 지었고, 신분에 따라 집의 크기도 제한하였죠. 하지만 이때 즈음하여 경제적 능력만 되면 누구라도 큰 집을 지을 수 있게 되었어요. 그리고 외국인들이 많이 살기 시작하면서 인천 등 항구를 중심으로 일본식 주택과 서양식 주택도 많이 늘어났죠.

이 밖에도 생활을 편리하게 하는 데 쓰일 수 있는 서양 물건들이 많이 들어왔어요. 양은[1], **양말, 양동이, 양잿물** 등과 같이 바다를 건너 서양에서 왔다는 뜻의 '양(洋)'이 붙는 서양 상품들이 유행하였어요.

1) 양은 : 구리, 아연 등의 금속을 녹여서 만든 금속.

▲ 서양인의 별장 – 개항 이후 인천에 지어진 서양인의 별장 모습이에요.

▲ 성냥, 회충약, 남포등 – 개항 이후 들어온 생활을 편리하게 해주는 물건들이에요.

그리고 **염색약, 회충약, 석유, 성냥, 남포등** 등이 들어오면서 사람들의 생활 모습에 많은 변화가 생겨났어요. 염색약은 의복의 색깔을 바꾸었고, 회충약은 뱃속의 회충을 제거해 주어 사람들이 질병에서 벗어날 수 있도록 도왔지요. 특히, 성냥과 같은 물건은 마치 요술을 부리듯 불이 켜지는 모습에 사람들이 굉장히 신기해하기도 하였답니다.

이렇게 서양 문물이 들어오면서 서양 과학 기술에 대한

▲ 전화 교환수 – 1896년 즈음하여 조선의 궁궐에서 전화가 쓰이기 시작했어요. 이 때는 교환수가 있어 직접 연결해주어야 통화가 가능하였죠.

▶ 〈역사채널e – 전차, 한성을 달리다〉

관심이 점차 높아졌어요. 그리하여 조선에도 서양식 시설들이 점차 설치되었죠. 우선 조선을 대표하는 궁궐인 경복궁에는 최초로 **전기시설**이 들어와 **전등**을 설치하고 불을 밝히기 시작했어요. 이어 궁궐에는 전화가 처음 설치되었고, 서울과 인천 사이에 **전신**이 개통되었지요. 이로써 사람들은 밤에도 밝은 곳에서 생활할 수 있었고, 서로 소식을 쉽게 주고받을 수 있게 되었어요.

특히, 개항 이후에는 교통의 발달로 경인선, 경부선 등의 **철도**가 놓였고, **전차**가 시내에 다니기 시작했어요. 기차는 먼 거리도 정해진 시간 안에 갈 수 있어 생활에 큰 도움을 주었고, 정해진 시각에 출발하였기 때문에 사람들이 시간 약속을 지켜야 한다는 생각을 갖게 해주었어요.

도시에는 거대한 규모의 서양식 건축물들이 지어졌어요. 이 시기에 지어진 서양식 성당인 **명동성당**과 덕수궁 **석조전**이 대표적인 건물로서 지금까지도 잘 보존되어 있답니다.

한편, 개화기 선교사들도 우리나라의 발전을 위해 노력했어요. 교육을 중요시하여 여러 곳에 새로운 학교를 설립하였고 서양의 발전된 의료기술을 보급하기 위해 병원을 설립하기도 하였지요.

▲ 배재학당

▲ 개항기 선교사들

▲ 덕수궁 석조전 – 1900년에 짓기 시작하여 1910년에 완공되었어요.

① 전차가 가져온 생활의 변화

1. 다음은 한양에 전차가 처음 다니게 된 것을 본 어린이가 쓴 일기입니다. 일기 내용을 잘 읽고, 당시 조선 사람들은 전차에 대해 어떤 생각을 하였을지 생각해봅시다.

1899년 5월 17일

날씨 : 맑음

내가 살고 있는 한양에 전차가 다니기 시작한다. 어른들이 하신 말씀을 들어보니 철로 위에 철로 된 말이 달리는데 전차라고 부른다고 했다. 그리고 그 전차를 타면 멀리 떨어져 있는 곳도 금방 도착한다고 했다. 아버지께서는 전차 타려면 시간을 지켜서 가야 한다고 하셨다. 지금까지 시간을 신경쓰고 살지 않았는데, 쫓기듯 기차역에 간다는 것이 너무 힘든 것 같다.

1899년 5월 26일 날씨 : 흐림

오늘은 너무 끔찍한 장면을 봤다. 전차가 철길을 건너던 다섯 살짜리 어린이를 미처 피하지 못하고 치어 죽였다. 그러고도 전차는 멈추지 않고 그냥 지나가려고 했다. 이를 지켜보던 다른 사람들이 화가 나 모두 다 같이 전차에 달려들어 돌을 던져 파괴해 버리고 불을 질러버렸다. 전차가 사람들의 생활을 편하게 해주는 줄 알았는데 너무 위험한 것 같다.

당시 사람들은 전차에 대해 어떻게 생각하였을까요?

➡

전차가 생기면서 당시 사람들의 삶은 어떻게 변하였을까요?

➡

② 새로운 문물이 가져온 변화 알아보기

1. 새로운 문물이 들어오면서 조선 사람들의 삶은 어떤 변화를 겪게 되었을지 생각해 봅시다.

예전에 쓰던 물건	새로 들어온 물건

등잔불 연기와 그을음이 많이 나고, 어두운 편이었음.

남포등 서양의 램프를 뜻하는 말로, 등잔불에 비해 밝은 빛을 비추었음.

등잔 대신 남포등이 들어오면서 조선 사람들의 삶은 어떤 변화를 겪게 되었을까요?

서찰(편지) 주로 하인들이 직접 가지고 가서 받는 사람에게 전했고, 다시 답장을 받아와서 보낸 사람에게 가져다주었음.

전화 먼 거리에서도 전기 신호를 통해 목소리를 주고받을 수 있게 되었음.

서찰 대신 전화로 의사소통을 하게 되면서 조선 사람들의 삶은 어떤 변화를 겪게 되었을까요?

읽기
자료

① 강화도 조약의 내용

조일 수호 조규(일명 : 강화도 조약, 병자 수호 조약, 1876. 2. 27)

– 제1관 조선은 자주국[1]이며, 일본과 평등한 권리를 가진다.
– 제4관 조선 정부는 부산 외에 2개 항구를 개항하고 일본인이 통상[2]하는 것을 허가한다.
– 제7관 조선국 연해[3]의 섬과 암초[4]는 극히 위험하므로 일본국의 항해자가 자유롭게 해안을 측량[5]하도록 허가한다.
– 제10관 일본국 인민이 조선국 항구에서 죄를 지었거나 조선국 인민에게 관계되는 사건은 모두 일본국 관원이 심판한다.

〈강화도 조약의 내용 해석〉

– 제1관 : 조약 제1관에서 '조선국은 자주국으로 일본국과 평등한 권리를 갖는다.'는 내용은 조선에 대해 청나라가 간섭하지 못하게 하여 일본의 침략을 쉽게 하려는 의도가 반영된 것이에요.
– 제4관 : 조약 제4관을 통해 일본은 부산에 이어 원산과 인천까지 항구를 열도록 하여 조선을 침략하는 데 활용할 수 있게 되었어요.
– 제7관 : 조약 제 7관에서 육지 근처 바다를 측량할 수 있도록 허가 받아 조선의 바다 근처에서 일본이 군사 행동을 할 수 있게 되었어요.
– 제10관 : 제10관은 개항한 조선의 항구에서 일본인이 법에 어긋나는 행동을 해도 조선 정부가 처벌할 수 없도록 하였어요.

---

1) 자주국 : 다른 나라의 간섭을 받지 않고 스스로 자기 나라의 일을 결정하는 국가
2) 통상 : 서로 물건을 사고파는 것
3) 연해 : 육지 근처 바다
4) 암초 : 물속에 잠겨 있는 바위
5) 측량 : 깊이나 거리를 도구를 이용하여 재는 것

② 개항에 대한 찬성과 반대 의견

흥선 대원군이 권력을 잡고 있을 당시에 조선 정부는 다른 나라와 교류하는 것을 엄격히 금하였어요. 거기에는 영국과 프랑스를 비롯한 서양의 강대국들이 청나라를 상대로 벌인 일들이 조선에 전해진 영향도 있었죠. 영국은 청나라를 상대로 마약의 한 종류인 아편을 팔아 엄청난 이익을 얻었어요. 청나라가 이에 반발하여 아편을 팔지 못하도록 하자 영국은 청나라를 상대로 전쟁(아편 전쟁)을 일으켜 큰 피해를 입혔죠. 후에 영국과 프랑스는 청나라의 수도 베이징을 함락하여 청나라에 굴욕을 안기기도 하였답니다.

서양의 나라들이 청나라를 상대로 벌이는 일을 보면서 흥선 대원군을 비롯한 조선의 지배층들은 경계심을 가질 수밖에 없었어요. 또한 프랑스가 일으킨 병인양요와 미국이 일으킨 신미양요, 그리고 오페르트라는 독일 상인이 흥선 대원군의 아버지인 남연군의 묘를 도굴하였던 오페르트 도굴 사건 등을 거치면서 흥선 대원군은 서양과의 교류가 곧 나라를 파는 것과 같다는 생각을 굳혔죠.

 하지만 흥선 대원군의 생각에 반대하는 사람들도 있었어요. 이들은 이미 서양의 여러 나라들이 과학 기술을 바탕으로 발전된 국가를 이루고 있다는 것을 알고 있었기 때문입니다. 거기다 강력한 무기를 갖춘 서양의 군대에 맞서기 위해서는 하루빨리 서양의 문물을 받아들여야 한다고 생각하였어요. 이렇게 서양과의 교류를 통해 하루빨리 조선을 서양의 강대국들처럼 발전시켜야 한다고 생각하였던 사람들을 개화파라고 불렀어요.

개화파   흥선대원군

척척
박사

문제로 정리하기

1 고종의 아버지로서, 세도 정치에 맞서 왕권을 세우고자 노력하였으며 전국 각지에 척화비를 세워 서양 세력을 멀리함을 알린 인물은 누구인가요?

2 프랑스가 병인양요를 일으키게 된 것과 관련 있는 종교로, 조선 후기 서양인 선교사들에 의해 본격적으로 전해져 많은 조선 사람들이 믿었던 종교는 무엇인가요?

3 다음 중 개항 이후에 서양 문물의 영향을 받아 생긴 시설이 아닌 것은 무엇인가요? (   )
① 기차   ② 전기   ③ 전신   ④ 전화   ⑤ 안경

4 조선이 일본에 개항(항구를 열다)을 하게 된 계기가 된 사건으로, 조선에 불평등한 내용을 담고 있던 조약의 이름은 무엇인가요?

정답 **1** 흥선 대원군 **2** 천주교 **3** ⑤ **4** 강화도 조약

MEMO

나라의 자주권을 지키기 위해 노력하다

1. 조선을 둘러싼 강대국들의 다툼이 일어나다

예로부터 우리가 살고 있는 한반도는 외세의 침입이 자주 있어 왔어요. 그 이유는 한반도가 드넓은 바다와 대륙을 연결해주는 중요한 곳에 위치하고 있기 때문이지요.

조선이 일본과 강화도 조약을 맺은 이후로 외국에 개항을 하게 되면서, 일본, 청나라뿐만 아니라 서양의 여러 강대국들이 각자의 욕심을 가지고 조선에 접근해 왔어요. 이제 조선은 바람 앞의 등불처럼 매우 위태로운 처지에 놓이게 되었답니다.

★ 청나라 대 일본

강화도 조약 이후 조선은 일본과 청나라의 주도권 다툼 속에서 혼란스러운 시기를 보내게 되었어요. 개항 이후 서양의 문물이 들어오면서 모든 것들이 급격하게 변하기 시작했고, 개화 정책[1]을 펼치는 것을 두고 사람들 사이에 의견 다툼이 벌어지기도 했어요.

개화 정책에 반대하는 사람과 찬성하는 사람으로 나뉘어 갈등이 생기기 시작했고, 개화 정책을 찬성하는 사람들 사이에서도 서서히 개화를 이루어야 한다는 온건 개화파와 빨리 개

1) 개화 정책 : 다른 나라의 발달된 문물을 받아들여 우리나라의 발전에 활용하려는 정책.

▶ 〈EBS 5분사탐
– 임오군란〉

▲ 임오군란을 묘사한 그림

화해야 한다는 급진 개화파로 나뉘었답니다.

　이처럼 개화 정책을 두고 갈등이 커지자 개화 정책 추진 과정에서 별기군이라는 신식 군인들에 비해 불이익을 받던 구식군인들이 정부의 정책에 반발하여 난을 일으키기도 하였죠(임오군란, 1882년).

　또한 개화에는 찬성하되 어디서부터 어떻게 바꿀 것인지에

온건 개화파 : 아무리 개화정책을 하더라도 우리 전통을 지키는 범위 내에서 개혁이 이루어져야 할 것이오! 청나라의 개혁을 본으로 삼아야 하오!

VS

급진 개화파 : 그래 가지고 어찌 제대로 된 개혁이 이루어질 수 있겠소? 일본을 보시오. 서양의 기술뿐만 아니라 그들의 제도도 수용하여 모든 것을 뜯어 고쳐야만 제대로 된 개혁이라 할 수 있소!

▶〈영상한국사 – 갑신정변, 3일 천하로 막을 내리다〉

2) 우정국 : 구한말 당시 우체 업무를 맡아보던 관청.

3) 정변 : 반란, 혁명 등 비합법적인 수단으로 생긴 정치상의 큰 변동.

▶〈EBS 다큐프라임 – 고종, 열강의 덫에 빠지다〉

4) 민씨 일파 : 당시 조선 정부의 권력을 쥐고 있던 이들로써 대부분이 고종의 왕후인 민비의 가문 사람들로 구성되어 있어 이를 민씨 세력이라 부르기도 함.

대한 사람들의 생각에 차이가 생기면서 급진 개화파들은 자신의 의견이 반영되지 않는 것에 불만을 품기 시작했어요.

급진 개화파들은 자신들이 주장하는 근대 국가 건설을 위해 우정국[2]에서 정변[3]을 일으키기도 했어요(**갑신정변,** 1884년).

당시 조선 정부는 이처럼 국

▲ 갑신정변의 주역들(왼쪽부터 박영효, 서광범, 서재필, 김옥균)

내에 변란이 생길 때마다 이를 진압하기 위해 청나라에 도움을 요청하였는데, 이는 권력을 쥐고 있던 민씨 일파[4]가 일본보다 청나라와 친하게 지내는 정치를 펼쳤기 때문이랍니다. 그러므로 조선에 대한 주도권은 청나라가 쥐고 있었죠.

하지만 이는 1894년 일본과 청나라 사이의 전쟁(**청일 전**

〈갑신정변 당시 급진 개화파의 14개조 혁신정강 문서〉

1. 청에 잡혀간 흥선 대원군을 빠른 시일 안에 돌아오게 하고, 청에 대한 조공의 허례를 폐지한다.
2. 문벌을 폐지하여 인민 평등권을 제정하고, 능력에 따라 관리를 등용한다.
3. 지조법을 개혁하여 관리의 부정을 막고 백성을 보호하며, 국가 재정을 넉넉하게 한다.
4. 내시부를 없애고, 그 중에 우수한 인재를 등용한다.
5. 부정한 관리 중 그 죄가 심한 자는 처벌한다.
6. 각 도의 상환미(환곡)는 영구히 받지 않는다
7. 규장각을 폐지한다.
8. 모든 국가 재정은 호조에서 통할한다.
9. 의정부, 6조 외의 불필요한 기관은 없앤다.

*청에 대한 사대를 하지 않는 자주국가와 문벌폐지(신분제 폐지)를 주장하는 등 당시로선 파격적인 개혁을 실행하려고 하였답니다.

더 알아보기

쟁)에서 일본이 승리함으로써 뒤바뀌게 되었어요.

　그러자 조선 정부는 또 다른 강대국인 러시아를 끌어들이게 되었어요. 러시아를 통해 일본을 견제하고자 하는 의도였던 거죠. 이에 불만을 품은 일본은 자객을 경복궁에 난입시켜 명성황후를 시해⁴⁾하고 시신을 불태우는 만행을 저질렀어요(을미사변, 1895년). 이후 조선의 국왕이었던 고종은 일본이 무슨 짓을 벌일지 모른다고 생각하여 신변의 위협을 느끼고 러시아 공사관으로 피신을 가기도 했죠(아관파천, 1896년).

4) 시해 : 부모나 임금을 죽이는 것

★ 러시아 대 일본

　아관파천 이후로 조선을 사이에 두고 일본과 러시아가 다툼을 벌이던 상황은 1904년 양국 사이에 전쟁(러일 전쟁)이 일어난 이후 마무리되었어요. 이번에도 승자는 일본이었답니다. 이제 경쟁자가 없게 된 일본은 우리나라를 집어삼킬 야욕을 본격적으로 드러내기 시작했지요.

▲ 러시아 공사관(서울,중구)
－ 일부만 남아 있답니다.

▲ 러일 전쟁의 상황을 그린 기록화

▶ 〈네이버 지식백과
　－ 아관파천과 서구
　　열강의 침탈〉

2. 나라를 지키기 위해 노력하다

  몽골과의 전쟁이나 임진왜란에서 보듯이 우리 역사 속에서 나라가 위기에 처할 때마다 백성들은 언제나 목숨을 아끼지 않고 나라를 지키기 위해 노력하였답니다.

  조선 후기 일본 등 외세의 침입으로 우리나라의 자주권[1]이 침해받는 위기에 처했을 때에도 백성들은 나라를 지키기 위해 나섰어요. 조선의 지배층도 나라의 자주권을 지키기 위해 왕인 고종을 중심으로 노력을 아끼지 않았답니다.

1) 자주권 : 간섭을 받지 않고 스스로의 문제를 스스로 결정하고 처리할 수 있는 권리.

★ 동학 농민 운동이 일어나다

▶ 〈EBS 역사채널e
   – '동학 농민 운동'〉

  조선을 사이에 두고 조선 영토 내에서 청일전쟁이 벌어졌을 때 우리 농민들은 나라를 지키기 위해 일어섰습니다. 이를 동학 농민 운동 또는 동학 농민 혁명이라고 해요(1894년).

  동학 농민 운동은 탐관오리들이 농민들을 수탈하고 괴롭히자 이를 바로잡기 위해 시작되었어요. 동학 농민군은 정치에 무지한 일반 백성들이었음에도 불구하고 신분제 폐지, 토지제도 개혁 등 당시 조선 사회에서 꼭 필요로 하는 여러 개혁을 주장하면서 더 나은 세상을 위해 노력하였답니다.

그러한 가운데 청일 전쟁이 벌어졌고, 이 전쟁에서 우위를 점한 일본이 조선을 침략하려는 야욕을 보이자 동학 농민군은 나라를 구하기 위해 다시 들고 일어나게 되었답니다. 당시 동학 농민군은 여러 지역에 흩어져있던 세력을 연합하여 일본군에 대항하였지만, 기관총 등 신식 무기를 앞세운 일본군을 상대하기에는 역부족이었어요.

결국 동학 농민군은 일본군에 크게 패하였고(공주 우금치 전투), 이를 이끌던 전봉준 등의 지도자들은 서울로 끌려가 처형당하고 말았답니다. 나라를 지키기 위한 동학 농민 운동은 실패로 끝나고 말았지만, 동학 농민군이 주장했던 신분제 폐지 등의 사회개혁은 이후 갑오개혁에서 일부 반영되었어요.

그리고 동학 농민군의 나라를 지키기 위한 노력은 이후 항일 의병 운동으로 이어지며 우리 역사에서 매우 중요한 의미를 갖게 됩니다.

▲ 동학농민군 지도자 전봉준, 손화중, 김개남

▲ 전봉준 동상
(서울, 종로)

▲ 동학 농민 운동의 지도자 전봉준이 잡혀 서울로 압송된 후 재판을 받기 위해 가마에 실려가고 있어요.

더
알아보기

동학 농민군의 폐정 개혁 12개조

1. 동학도는 정부와의 원한을 씻고 모든 행정에 협력한다.
2. 탐관오리는 그 죄상을 조사하여 엄히 처벌한다.
3. 횡포한 부호를 엄히 다스린다.
4. 불량한 유림과 양반의 무리를 징벌한다.
5. 노비 문서는 불태워 버린다.
6. 7종의 천인 차별을 개선하고, 백정이 쓰는 평량갓을 없앤다.
7. 청상과부의 재가를 허용한다.
8. 무명의 잡세는 모두 폐지한다.
9. 관리 채용에는 지벌을 타파하고 인재를 등용한다.
10. 왜와 몰래 내통하는 자는 엄히 다스린다.
11. 공사채를 막론하고 기왕의 것은 모두 무효로 한다.
12. 토지는 균등하게 나누어 경작한다.

★ 항일 의병 운동이 일어나다

동학 농민 운동 이후에도 일본에 대항하여 전국 각지에서 의병이 일어나게 되었어요. 가장 먼저 일본에 의해 명성황후

가 시해당하는 을미사변이 발생하고, 또 단발
령[1]이 내려지자 이에 분노한 백성들이 의병
을 일으키게 되었죠. 이를 **을미의병**(1895년)
이라고 해요. 을미의병은 최익현, 유인석 등
의 전통적인 유생 출신 의병장들의 주도하였
습니다.

▲ 신돌석 생가(경북, 영덕)

이후 러일 전쟁에서 승리한 일본이 **을사늑약**(1905년)을 통
해 우리나라의 외교권[2]을 빼앗자 다시 의병이 들고 일어서게
되었어요. 이를 **을사의병**(1905년)이라고 하지요. 이때는 전직
관리와 유생뿐만 아니라 **신돌석** 등 평민 의병장들의 활약 또한
두드러졌답니다.

이러한 의병운동은 2년 뒤인 1907년 그 규모가 가장 커지
게 되었어요. 일본이 고종을 강제로 퇴위[3]시키고 군대를 해
산시키면서 **정미의병**(1907년)이 일어나게 되었답니다. 해산
된 군인들이 의병에 참가하면서 의병부대의 규모와 힘이

1) 단발령 : 을미사변 이후
개혁 조치로 강제적으로
백성들의 머리를 깎게 한
명령. 부모로부터 물려 받
은 것을 소중히 여기는 전
통때문에 반대가 극심하
였음.

2) 외교권 : 주권 국가로서
외국과 외교를 할 수 있는
권리.

3) 퇴위 : 왕 또는 관리가 그
직위에서 물러남.

▶〈EBS 경술국치 100년의
기억 – 항일의병〉

▲ 의병

1907년 군대 해산 후 의병들의 모습으로 다양한 옷을 입고 있는 모습이 보입니다. 영국 기자 멕켄
지가 경기도 양평에서 촬영한 것이라고 합니다.

전과는 비교할 수 없을 만큼 커지게 되었죠. 하지만 이러한 의병 운동은 일본군의 대대적인 탄압에 의해 끝내 실패로 돌아가고 말았어요.

이처럼 동학 농민 운동과 항일 의병 운동은 끝내 그 뜻을 이루지는 못했지만, 이는 모두 중요한 의미를 가져요. 그 이유는 두 운동 모두 나라와 민족이 위기에 처하자 백성들이 자발적으로 일으킨 대표적인 구국[4] 민족운동이었기 때문입니다. 또한 의병은 이후 일제강점기 일본군에 대항해 독립 전쟁을 벌이는 독립군의 바탕이 되었습니다.

4) 구국 : 나라를 구하는 일.

★ 독립 협회가 세워지고 대한제국이 수립되다

을미사변 이후 고종이 일본을 피해 러시아 공사관으로 피신을 떠나는 아관파천(1896년)이 발생하자 러시아는 이를 이용하여 조선으로부터 산림, 광산의 자원 등 여러 가지 이권[5]을 빼앗아가기 시작했어요. 그리고 일본뿐만 아니라 미국, 프랑스, 독일 등 서양의 강대국들도 이 기회를 틈타 조선으로부터 이권을 챙겨갔지요.

5) 이권 : 이익을 얻을 수 있는 권리를 말함.

이처럼 나라가 위태롭던 때 미국에 망명[6]해 있던 서재필이 귀국하였어요. 서재필은 독립신문을 만들어 서양 세력이 조선에게서 여러 가지 이권을 빼앗아가고 있다는 사실을 널리 알리기 위해 힘썼어요. 또 이를 막기 위해서는 국민들 스스로 많이 배우고 나라를 지키기 위한 힘을 길러야 한다고 주장하였지요. 또한 서재필은 다른 지도자들과 함께 독립 협회를 만들고 조선이 독립 국가임을 널리 알리기 위해 국민의 성금을 모아 독립문도 세웠답니다. 독립 협회는 당시 벌어지

6) 망명 : 혁명의 실패 또는 정치적인 이유로 제 나라에 있지 못하고 남의 나라로 몸을 피함.

▲ 환(원)구단과 황궁우

▶ ⟨EBS 5분 사탐
 – 독립 협회⟩

고 있던 강대국들의 만행을 바로잡으려 노력하였지요.

한편, 러시아 공사관에 있던 고종은 독립 협회와 백성들이 궁으로 돌아와 줄 것을 청하자 경운궁(덕수궁)으로 돌아와 나라의 혼란을 수습하고 힘을 키우고자 노력하였어요. 이를 위해 고종은 환(원)구단[7]에서 하늘에 제사를 지내고 나라 이름을 '대한 제국'으로 바꾸며 스스로 황제의 자리에 올랐어요(1897년). 이는 대한 제국이 그 어느 나라의 간섭도 받지 않는 자주 국가임을 전 세계에 널리 알리기 위함이었지요.

7) 환구단 : 대한 제국 시대의 제단으로, 황제가 하늘에 제사를 지내는 곳. 황제로써 하늘에 제사를 지낸다는것은 당시 중국과의 사대관계에서 벗어나 대한제국이 자주독립국가임을 상징하는 것이라 할 수 있음.

▲ 독립문

▲ 독립신문

▲ 서재필(1864~1951)

① 개화 정책에 대한 여러분의 생각을 정리해봅시다

흥선 대원군 : 저들이 우리에게 개항을 요구하는 것은 단순히 서양의 문물을 받아들이라는 뜻이 아니다. 그것은 결국 저들이 조선을 침략하기 위한 교묘한 술책인 것이다. 어찌 그것을 모른단 말인가! 일단 한 번 개화 정책을 실시하게 되면 외세를 받아들일 수밖에 없게 되고, 그렇게 되면 결국엔 우리나라가 외세의 손에 넘어가는 것을 보게 될 것이다. 그러므로 개항을 하는 것은 절대 용납할 수 없다!

신하 : 하지만 개화정책은 세계의 모든 나라들이 받아들이고 있는 어쩔 수 없는 시대적 사명이옵니다. 조선이 개항을 하여 다른 나라의 문물을 받아들이지 않고 혼자서만 살겠다고 억지를 부린다면, 조선은 더 이상 발전을 하지 못하고 강성한 국가가 될 수 없사옵니다. 그렇게 된다면 결국엔 다른 나라의 침략을 이겨낼 수 있는 힘을 기르지 못하게 될 것입니다.

이처럼 당시에는 개화정책을 둘러싸고 찬성과 반대의 입장에 선 사람들 사이에 잦은 다툼이 있었어요. 그리고 개화정책과 관련된 사건에는 항상 외세의 간섭이 있었지요.

개화정책을 반대하던 흥선대원군과 개화정책에 찬성하는 신하의 의견을 들어보고, 개화정책에 대한 여러분의 의견과 그렇게 생각한 까닭을 적어봅시다.

의견

까닭

① 을미사변과 단발령

청일전쟁에서 승리한 일본은 조선 정부가 러시아를 끌어들이자 위기감을 느꼈어요. 이에 일본은 조선의 의도를 저지하기 위해 매우 극단적인 방법을 사용하기로 했지요. 러시아를 끌어들이는 데 중심 역할을 한 명성황후를 없애기로 한 거예요.

1895년, 결국 일본은 궁궐에 자객들을 침입시켜 명성황후를 무참히 살해하는 만행을 저질렀어요. 이 사건을 을미사변이라고 해요. 그들은 '여우 사냥 작전'이라는 이름을 붙여 명성황후를 시해하고자 하는 음모를 꾸몄어요. 조선의 왕비가 일본 자객들에 의해 살해당하고 그 시신이 불태워지는 끔찍한 사건이 발생한 거예요.

▲ 명성 황후 시해에 가담한 일본 낭인들(한성신보사 건물 앞에서의 기념 촬영)

일본의 만행은 여기서 그치지 않았어요. 조선 정부에 자신들이 의도한 대로 개혁을 강요하였는데 이 개혁에는 단발령이 포함되어 있었어요. 단발령이란 당시 남성들의 상투를 강제로 자르도록 하는 것이었어요. 전통적인 유교 사회에서 신체와 머리털 등은 부모에게 물려받은 소중한 것이고 이를 지키는 것이 효도의 시작이라 생각하였던 백성들에게 상투를 자르도록 한다는 것은 절대 받아들일 수 없는 일이었지요. 당시 유생들의 대표격이었던 최익현은 '내 목을 자를지언정 내 머리는 자를 수 없다.'라며 크게 반발하기도 하였어요. 이처럼 을미사변에 이

▲ 단발을 집행하는 모습

어 단발령까지 선포되자 일본에 대항하고자 하는 사람들이 점점 많아졌고, 이런 분위기 속에서 을미의병으로 시작되는 항일 의병 운동이 활발히 전개되었답니다.

▶ 〈동북아역사재단–
안용복이야기〉

② 대한 제국의 독도 칙령

독도는 약 1500여 년 전 신라 때부터 우산국(울릉도)과 함께 우리나라의 고유 영토였어요. 이후 고려, 조선 시대에도 독도는 우리의 국토로 관리되어 왔지요. 세종실록지리지와 신증동국여지승람에도 울릉도와 독도를 강원도 울진현 소속으로 구분하고 있고, 그밖에 여러 가지 역사적 자료와 지도에는 독도가 우리의 영토로 명백히 나타나 있답니다.

특히 숙종 때 조선의 안용복은 일본 어부들이 독도 근처에서 고기를 잡자 이에 항의하여 일본으로부터 울릉도와 독도가 조선의 영토임을 확인받고 돌아오기도 했답니다. 이에 일본도 일본 어민들이 울릉도와 독도에 함부로 건너오는 것을 금하는 명령을 내렸답니다. 그리고 1900년 대한제국은 칙령을 발표하여 독도의 영유권을 명백히 하였지요. 이처럼 독도는 우리의 역사적 기록에 다수 남아있을 정도로 명백한 대한민국의 영토랍니다.

그러나 일본은 러일 전쟁 직후 군대를 동원하여 대한 제국을 위협하고 독도를 일본의 시마네현으로 강제 편입시켜 버렸어요. 이는 국제법상 명백한 불법 영토 침탈 행위라 할 수 있어요. 하지만 1945년 광복 이후 우리나라는 독도의용수비대의 활약 등으로 독도에 대한 영토 주권을 분명히 하였어요. 이후로도 일본은 끊임없이 독도가 자신들의 땅이라며 억지를 부리고 우리를 도발하고 있지만, 우리나라는 이에 휘둘리지 않고 독도가 우리 땅이라는 사실을 더욱 공고히 하고 있어요. 이제 중요한 것은 우리 스스로가 독도의 역사를 바로 알고, 이를 잊지 않는 것입니다.

▲ 안용복 동상(부산)

⟨대한제국 칙령 제 41호⟩

제1조 울릉도를 울도로 개칭하여 강원도에 부속하고, 도감을 군수로 개정하여 관제 중에 편입하고 군의 등급은 5등으로 할 것

제2조 군청 위치는 태하동으로 정하고 구역은 울릉전체 섬과 죽도, 석도(독도)를 관할할 것.

▲ 독도 전경. 동도와 서도로 이루어져 있답니다.

▲ 독도 경비대

▲ 독도의 한국령 표식

▶ ⟨외교부
– 대한민국의 아름다운
영토 독도⟩

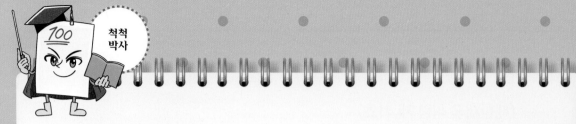

문제로 정리하기

1 다음 중 동학 농민군의 지도자는 누구였나요?(   )

① 이순신   ② 신돌석   ③ 서재필   ④ 전봉준   ⑤ 안중근

2 동학 농민 운동 당시 우리 나라에서 일어난 국제 전쟁은 무엇인가요?(   )

① 러일 전쟁   ② 신미양요   ③ 병인양요

④ 청일 전쟁   ⑤ 태평양 전쟁

3 일제가 명성황후를 살해한 사건을 무엇이라고 하나요?

4 고종이 러시아 공사관으로 옮겨간 사건을 무엇이라고 하나요?

5 고종이 황제가 되면서 조선의 나라 이름은 무엇으로 바뀌었나요?

정답 **1** ④   **2** ④   **3** 을미사변   **4** 아관파천   **5** 대한제국

MEMO

일본에게 나라를 빼앗기다

1. 을사늑약으로 나라를 빼앗기다

조선은 대한 제국으로 재탄생하며 자주 국가로 발돋움하고자 노력하였지만, 일본에 의해 이러한 의도는 모두 수포로 돌아가고 말아요. 러 · 일 전쟁의 승리로 우리나라를 집어삼키는데 경쟁 국가가 없어지게 된 일본은 본격적으로 우리나라를 식민지[1]로 만들기 위한 작업을 시작하게 된답니다.

1) 식민지 : 정치 · 경제적으로 다른 나라에 속하게 되어 국가로서 주권을 상실한 나라.

★ 을사늑약이 체결되다

▶ 〈EBS 역사채널e – 을사늑약〉

러일 전쟁에서 승리한 일본은 대한 제국을 집어삼키려는 야욕을 드러내기 시작했어요. 일본은 1905년 을사늑약을 강제로 체결하며 대한 제국의 외교권을 빼앗아갔어요. 이제 대한 제국은 일본의 허락 없이는 어느 나라와도 외교 관계를 맺을 수 없게 되었답니다.

일본의 만행에 분노한 우리 민족은 을사늑약 반대 운동을 여러 곳에서 활발히 전개하였어요. 장지연은 황성신문에 '시일야방성대곡'(이날 목놓아 몹시 슬프게 울다)이라는 글을 써서 을사늑약의 부당함에 분노를 표현하기도 했어요. 심지어는 민영환처럼 울분을 이기지 못하고 자결[2]하는 사람들도 있었답니다.

2) 자결 : 불의를 보고 분노하거나 신념을 지키기 위해 스스로 목숨을 끊음.

▲ 덕수궁 중명전(서울, 중구) − 을사늑약이 체결된 곳입니다.

　고종 황제 또한 을사늑약이 일본에 의해 강압적으로 이루
어졌기 때문에 국제법상 무효라고 주장하였지요. 이러한 내
용을 대한매일신보라는 신문에 발표하며 국민들에게 을사늑
약의 부당함을 널리 알렸어요.

　고종황제는 여기에 그치지 않고 대한 제국이 독립 국가임을
국제 사회에 알리기 위해 **만국 평화 회의**가 열리는 네덜란드
헤이그에 **특사 3인**을 파견하였어요. 만국평화회의에 참석한
전 세계 각국의 외교관들에게 을사늑약의 부당함을 알림으로
써 국제 사회에 도움을 요청하고 일제의 만행을 알리려고 한
것이랍니다. 하지만 이는 일제의 방해로 결국 실패로 돌아가
고 말았어요.

▲ 을사늑약 전문

▲ 헤이그 특사. 왼쪽부터 이준, 이상설, 이위종

★ 일제의 식민지가 되다

일제는 고종이 헤이그 특사를 보낸 것을 구실삼아 고종을 강제로 퇴위[1]시켰어요. 그리고 1907년에 **한일 신협약(정미 7조약)**이라는 조약을 맺어 우리나라의 군대를 모두 해산시켰답니다. 이후 일본은 보안법과 신문지법을 만들어 우리 국민이 집회를 열 수 있는 자유와 언론의 자유를 박탈하였고, 대한 제국의 사법권과 경찰권까지 빼앗아갔어요.

그리고 1910년 친일파를 앞세운 일본은 **한일병합조약**을 통해 우리의 국권을 빼앗고 자신들의 식민지로 만들고 말았답니다. 이제 대한 제국은 역사 속으로 사라지고 이후 35년 간 우리 민족은 일제의 식민 지배 아래 고통의 세월을 견뎌내야만 했지요.

▶ 〈EBS 역사채널e – 경술국치〉

2. 실력을 키우기 위해 노력하다

일제에 의해 을사늑약이 체결되자 우리나라 사람들은 우리가 힘과 실력이 없기 때문에 일본에 당할 수밖에 없다는

▶ 일장기가 걸린 경복궁 근정전(서울, 종로)

생각을 했어요. 이에 개화 사상가들과 독립 협회 인사들을 중심으로 하여 조국의 실력 양성을 통해 일본에게 **빼앗긴** 국권을 회복하자는 운동이 일어나게 되었답니다. 이를 애국 계몽 운동이라고 해요.

또한 한편으로는 일제의 경제적 침략에 맞서 이를 국민들의 힘으로 극복하려는 경제 구국 운동이 일어나기도 했어요.

▲ 안창호(1878~1938)

★ 애국 계몽 운동이 일어나다

먼저 애국 단체들은 민족 교육 발전을 위해 학교를 세워 학생들에게 서양의 근대 학문과 조국에 대한 애국심을 길러 주도록 하는 교육 활동을 펼쳤어요. 이러한 교육 과정을 통해 길러낸 인재들은 다시 전국의 학교로 진출하여 다른 청소년들에게 신교육을 가르쳤습니다.

▲ 이승훈(1864~1930)

▶ 〈EBS 5분사탐 – 신민회〉

또한 다양한 신문을 발간하여 일본이 우리나라로부터 국권을 **빼앗아**가고 있다는 사실을 국민들에게 알리기 위해 노력하였답니다. 특히 일부 신문들은 순 한글로 발행하여 한문을 잘 모르는 일반 민중들도 쉽게 읽을 수 있도록 하였지요.

이처럼 다양한 노력을 기울인 단체는 여러 곳이 있었지만 그 중에서도 가장 앞장섰던 단체는 **신민회**였답니다. **안창호, 이승훈** 등의 민족지도자들이 중심을 이루었던 신민회는 **오산 학교, 대성 학교** 등을 세워서 민족교육 운동을 벌이기도 하였고, **이회영** 여섯 형제와 **이동녕** 등이 중심이 되어 훗날 독립전쟁에 앞장선 독립군들을 다수 배출한 **신흥 강습소**(신흥 무관 학교[1]로 발전)를 국외인 만주에 설치하기도 하였지요.

1) 신흥무관학교 : 신흥 무관 학교는 항일 독립운동 기지 건설을 위해 신민회의 주도하에 1911년 만주의 서간도 지역에 설립한 신흥 강습소에서 출발했어요. 1919년 3·1운동 이후 많은 청년이 찾아오면서 기존 시설만으로 이들을 수용할 수 없게 되자 본부를 옮기면서 신흥 무관 학교로 명칭을 바꿨지요. 이후 신흥 무관 학교는 약 2,000여명의 졸업생을 배출했는데, 이들은 이후 홍범도와 김좌진 장군의 부대에서 중심적인 역할을 하기도 했어요.

▶〈역사채널e
– 우당 이회영〉

▶〈역사채널e
– 105인 사건의 진실〉

▲ 오산학교

▲ 대성학교

또한 **대한매일신보**라는 신문을 통해 일제의 침략을 널리 알림으로써 일반 사람들이 민족의식과 독립 의식을 깨우치도록 노력하였어요. 그러나 일제는 105인 사건을 일으켜 주요 인물을 감옥에 가둠으로써 신민회를 강제로 해체하였답니다.

★ 국채 보상 운동이 일어나다

을사늑약을 통해 대한 제국의 외교권을 **빼앗아간** 일제는 대한 제국 정부에게 자신들로부터 엄청난 돈을 빌릴 것을 강요했어요. 그리고는 이 돈을 우리나라를 침략하기 위한 투자와 일본 거주민의 시설 개선 등 자신들이 원하는 곳에 모두 사용해 버렸어요. 이에 일제로부터 빌린 돈과 이자가 눈

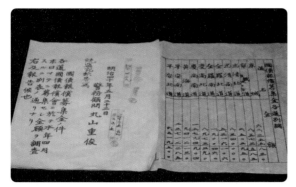
▲ 국채 보상금 모집 금액표

▲ 국채 보상 운동 여성 기념비(대구)

덩이처럼 불어나 정부가 직접 돈을 갚기가 어려운 지경에 이르렀지요.

이처럼 나라가 어려운 상황에서 일본에 빌린 돈을 국민들의 힘으로 직접 갚아 국권을 회복하자는 **국채 보상 운동**(1907년)이 일어났답니다. 대구에서 시작된 국채 보상 운동은 전국으로 확대되어 모금 운동이 이어졌어요. 각계 각층의 자발적인 참여가 이어지며 금주, 금연, 반찬값 절약 등으로 모은 돈이나 소중한 패물을 기부하기도 하였답니다.

국민들의 적극적인 호응에 힘입어 시작한 지 3개월여 만에 상당한 돈을 모을 수 있었지만 일제의 방해로 끝내 실패로 돌아가고 말았어요. 하지만 국채 보상 운동은 국민들의 자발적 참여를 통해 우리의 자주권을 지키기 위해 노력했다는 점에서 중요한 의미를 가진답니다.

▶ 〈EBS 5분 사탐 – 국채 보상 운동〉

★ 안중근 의사, 침략 원흉 이토 히로부미를 사살하다

전국 각지에서 일본에 대항하여 의병운동과 민족운동이 벌어지던 때에 국외에서 일본에 대항하여 투쟁하던 사람이

▶ 〈역사채널e
– 안중근의 유해〉

▶ 〈KBS 열린음악회
양준모, 영웅 팀
– 누가 죄인인가.〉

있었어요. 바로 **안중근 의사**랍니다. 국내외에서 의병장으로 활약하던 안중근은 1909년 만주 하얼빈 역에서 조선 침략의 원흉인 일본의 **이토 히로부미**를 총으로 사살한 후 그 자리에서 체포되었어요.

안중근은 이토 히로부미가 대한의 독립 주권을 빼앗은 원흉이며 동양의 평화를 파괴하는 주범이라고 주장하였어요. 그리고 자신은 개인의 자격이 아닌 대한의용군의 자격으로 사살하였다고 말하였죠. 안중근 의사는 죽음을 눈앞에 두고도 두려워하지 않으며 끝까지 대한 독립을 주장하다가 끝내 차가운 감옥 안에서 순국하고 말았답니다. 안중근 의사는 의거를 통해 조국의 국권을 빼앗고 평화를 파괴하는 일본의 침략 행위를 응징했어요. 이처럼 용기 있는 안중근 의사의 행동은 일본에게 우리 민족의 굳건한 독립 의지를 보여주었답니다.

▲ 안중근 의사
(1879~1910)

▲ 이토 히로부미
일본의 아시아 침략에 앞장서 대한 제국에 을사늑약을 강요하고 고종을 강제 퇴위시킨 일제 통감부의 초대 통감

▲ 저격 당하기 직전의 이토 히로부미

① 을사5적과 친일파

을사5적(을사늑약을 찬성했던 매국노)

이지용	이근택	이완용	박제순	권중현
(내무대신)	(군부대신)	(학부대신)	(외무대신)	(농상공부대신)

일제는 을사늑약을 강제로 처리하려고 하였으나 고종 황제는 끝까지 거부하였어요. 그러자 우리나라의 침략에 앞장선 이토 히로부미는 대한 제국의 일부 대신들과 회의를 열어 을사늑약을 체결하였답니다. 이때 박제순, 이지용, 이완용, 이근택, 권중현 등 5명이 을사늑약 체결에 찬성하였는데, 이들을 나라를 팔아먹은 매국노라 하여 '을사5적'이라 부른답니다. 일제는 을사늑약에 따라 대한 제국의 외교권을 박탈하고 통감부를 설치하여 보호정치를 실시하기 시작했어요.

그러자 이상설, 조병세, 안병찬 등 대신들은 고종 황제에게 상소를 올려 을사늑약에 찬성하며 서명한 대신의 처벌과 조약의 폐기를 주장하였어요. 일부 대신들은 자결로써 일제의 만행에 저항하기도 했지요.

또한 나철, 오기호 등은 5적 암살단을 조직하였어요. 5적 암살단은 을사늑약 체결에 앞장선 을사5적과 친일파들을 처단하고자 하였지요. 또한 이재명은 단독으로 명동성당에서 을사5적 중 한 명인 이완용을 공격하여 중상을 입히기도 하였답니다.

을사5적 이야기에서도 알 수 있듯이 나라가 위기에 처했을 때 모두가 나라를 위해 희생한 것은 아니에요. 오히려 조국과 민족을 배신하고 개인의 이익을 위해 나쁜 행동을 한 사람들도 많았답니다. 이러한 친일파들은 우리나라가 일제로부터 해방된 뒤에도 잘못에 대한 대가를 치르지 않은 채 아직도 우리 대한민국 사회 곳곳에서 잘 살고 있어요. 대한민국 정부 수립 이후 많은 사람들은 친일파를 처벌하여 일제의 잔재를 청산하자고 계속해서 주장하였답니다.

▶ 〈역사 저널그날
– 이완용 을사늑약 체결에 앞장서다〉

▲ 헤이그 특사 보도

② 헤이그 특사

헤이그에 보내진 특사는 이상설, 이준, 이위종 3인이었어요. 세 특사 외에도 고종에게 헤이그에 특사를 보낼 것을 건의했던 미국인 선교사 헐버트가 먼저 네덜란드에 도착하여 처음부터 사절단을 도왔답니다. 세 특사의 한국 출발 시기는 각각 달랐어요. 이상설은 평화 회의가 개최되기 1년 전인 1906년 4월에 한국을 떠나 북간도 용정촌에 머무르고 있었고, 이준은 1907년 4월 서울을 떠나 블라디보스토크에서 이상설과 만났지요. 두 특사는 6월 중순경 시베리아철도 편으로 당시 러시아의 페테르스부르크(Petersburg: 지금의 상 페테르부르크)에 도착하여 이위종과 합류하였어요.

네덜란드 헤이그에 도착한 특사 일행은 먼저 평화 회의에 공식적으로 한국 대표의 자격으로 참석하기 위해 만국 평화 회의 의장을 방문해 도움을 청하였으나, 의장국인 러시아는 형식상의 초청국인 네덜란드에 그 책임을 미루었어요. 하지만 네덜란드 정부는 을사늑약이 이미 체결된 상태이므로 한국 정부의 자주적인 외교권을 인정할 수가 없다는 이유를 들어 회의 참석과 발언권을 거부하였지요.

회의에 참석하지 못한 특사 3인은 네덜란드 신문사의 주선으로 국제 사회에 호소할 기회를 얻었고, 여기서 외국어에 능통한 이위종이 세계 언론인들에게 '코리아의 호소(A Plea for Korea)'라는 주제로 연설을 하여 세계 각국의 주목을 받기도 하였으나, 구체적인 성과를 얻지는 못했어요.

울분을 참지 못하던 이준은 평소 앓고 있던 병으로 타국에서 순국하고 말았답니다. 그 후 일제는 오히려 헤이그 특사 사건을 구실 삼아 고종을 강제로 퇴위시키는 만행을 저질렀지요.

▶ 〈역사가 술술 –
고종의 비밀사절단, 헤이그특사〉

❸ 안중근 의사의 동양 평화론

안중근 의사는 이토 히로부미를 사살한 것에 대해 개인의 투쟁이 아닌 의병부대 참모중장으로서 독립 전쟁을 수행한 것이라고 밝혔답니다. 그는 이토 히로부미의 죄악 15가지를 밝히면서 우리나라를 식민지화하기 위해 갖가지 만행을 저지른 것에 더하여 이토 히로부미가 동양의 평화를 교란시키고 있다고 밝히고 있어요.

▲ 안중근 동상(서울 중구, 남산 안중근 기념관)

이는 당시 일제의 우리나라에 대한 식민지 정책과 침략 전쟁 확대가 우리나라뿐만 아니라 한 · 중 · 일 3국이 속한 동양의 평화를 깨뜨린다고 생각한 것입니다. 마침 이토 히로부미가 만주 하얼빈에서 러시아의 장관과 회담을 하려던 것도 일본과 러시아 간의 만주침략에 대한 논의였기 때문에, 안중근 의사는 이것이 이토 히로부미를 처단할 중요한 이유이자 절호의 기회로 여겼답니다.

이처럼 안중근 의사가 동양 평화를 중요하게 여긴 까닭은 당시 서양의 여러 열강들이 자신들의 힘을 앞세워 다른 나라를 식민지로 만들기 위해 경쟁하고 있는 상황에서

▲ 대한독립군 대장 안중근

동양의 나라들이 살아남는 방법은 서로 힘을 합치는 것이라고 생각한 거예요.

안중근 의사는 재판에서 사형을 선고 받은 뒤에도 구차하게 목숨을 구걸하지 않았어요. 변호사가 다시 한 번 재판을 받을 수 있다고 이야기하였지만 이를 당당히 거부하고 오히려 자신이 '동양 평화론'을 저술할 수 있도록 사형 집행을 조금만 미뤄줄 것을 요구하였답니다. 감옥에서 안중근 의사는 동양 평화론 저술을 위해 심혈을 기울였지만, 일제는 그의 요구를 묵살하며 책 저술이 완료되기 전에 사형을 집행하였어요. 결국 안중근 의사는 1910년 3월 26일 차가운 뤼순 감옥에서 순국하였답니다.

▶ 〈EBS 안중근 의사
순국 기념 영상〉

▶ 〈EBS 안중근 의사의
유해를 찾아서〉

안중근 의사가 저술한 미완성의 '동양 평화론'에는 한·중·일 3국이 모두 대등한 독립 국가로서 서로 협력하여 연맹체가 될 수 있는 구체적인 방안을 제시하고 있어요. 먼저 3국간의 상설 기구인 동양 평화 회의를 뤼순에 조직해 기타 아시아 국가가 참여하는 회의로 발전시키고, 3국 공동 은행 설립, 3국 공동 평화군 창설 등의 구체적인 구상도 밝혔답니다.

이처럼 동양 평화론은 안중근 의사가 단순한 독립운동가가 아니라 시대를 앞서간 위대한 지식인이기도 했다는 것을 알 수 있게 하는 중요한 자료랍니다.

▲ 마지막 면회

▲ 처형 직전의 모습

▲ 안중근이 뤼순 감옥에서 최후의 유언을 남기는 장면이에요.

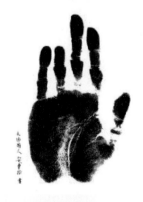

▲ 친필과 단지 모습

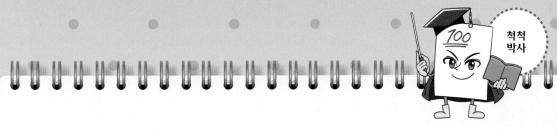

문제로 정리하기

1 을사늑약 당시 고종이 만국 평화 회의에 파견한 인물 3인은 누구였나요?

2 애국 계몽 운동에 가장 앞장선 단체로써 안창호 등의 민족 지도자가 만든 단체는 무엇인가요?

3 하얼빈 역에서 일제의 이토 히로부미를 저격하여 사살한 독립운동가는 누구인가요?

4 일제로부터 빌린 돈을 갚기 위해 국민들이 자발적으로 참여한 경제 구국 운동은 무엇인가요?

정답 **1** 헤이그 특사(이상설, 이준, 이위종) **2** 신민회 **3** 안중근 **4** 국채 보상 운동

1. 일제의 식민 지배로 고통을 겪다

　우리나라 국민들은 일제의 식민 지배로 말로 표현할 수 없을 만큼 끔찍하고 고통스러운 세월을 견뎌나가야 했어요. 수많은 우리 국민들이 일제에 의해 억울하게 목숨을 잃었고, 자주독립을 꿈꾸며 열심히 활동한 독립 운동가들도 일제의 탄압으로 인해 수 없이 죽임을 당했답니다.

★ 헌병 경찰들이 우리 국민을 억압하다

　우리나라를 식민지로 만든 일제는 조선 총독부를 설치하여 식민통치의 중심으로 삼고 총독에 군인 출신을 임명했어요. 이는 우리나라를 총, 칼과 같은 무력으로 다스리겠다는 의미였지요. 전국 곳곳에 군인과 헌병을 배치한 일제는 우리 민족을 무력으로 탄압하였는데, 심지어 학교의 교원들까지도 제복을 입고 칼을 찬 채로 근무하게 하여 어린 학생들에게까지 일본에 대한 공포심을 심어주었어요.

　당시 전국에 배치된 헌병 경찰은

▲ 조선 총독부

▲ 교사들이 칼을 차고 있는 모습

즉결처분권을 가지고 있었는데, 이는 정식 재판 없이도 우리 민족을 태형[1]에 처하거나 징역형에 처할 수 있는 권한이었

1) 태형 : 몽둥이로 볼기를 치는 형벌. 굉장히 고통스러운 형벌로써 이 벌을 받다가 그 자리에서 죽는 사람도 있었다고함.

어요. 이를 통해 헌병 경찰들은 죄 없는 우리 민족을 탄압하고 수많은 독립운동가들을 감옥에 가두고 처형했답니다.

★ 문화 통치로 우리 국민들을 기만하다

헌병경찰[2]로 우리 국민들을 억압하던 일제는 3·1 운동을 통해 자신들의 만행이 전 세계에 드러나자 이를 무마하기 위해 **문화 통치**를 하겠다고 선언하였어요. 이는 헌병 경찰을 보통 경찰로 바꾸고 군인 출신의 조선 총독을 문관 출신으로 임명하기로 하는 것을 그 내용으로 하고 있었죠.

그러나 실제로 문관 출신의 조선 총독이 임명된 적은 한 번도 없었답니다. 또한 보통경찰로 바꾼다는 것도 실은 경찰의 인원을 3배로 늘리며 더욱 우리 민족을 감시하고 억압하려는 것이었죠.

일제는 우리 민족에게도 교육의 기회를 주겠다고 선전했지만, 실제로는 수준 낮은 초보적 교육이나 기술 위주의 교육에만 치중하여 오히려 일제의 식민 지배에 순응하는 노예와 같은 국민으로 만들려는 비열한 수를 쓰기도 하였답니다.

2) 헌병경찰 : 1910년대 우리 민족을 다스리는데 공포스러운 분위기를 만들기 위해 군인인 헌병이 경찰 역할을 함.

★ 일제에 의해 고통받는 우리 국민

▶ 〈프리덤뉴스-군함도의 진실, 하시마 섬 주민들의 증언〉

일제의 가혹한 식민 지배는 1930년대 후반 들어 가장 심해졌어요. 일제는 중국에게 전쟁을 선포하고 본격적으로 대륙 침략 전쟁을 벌였고 우리 민족에게서 식량, 물자 등 모든 것을 빼앗아가려고 하였지요. 쌀 등의 식량뿐만 아니라 각종 지하 자원까지 무차별적으로 약탈해갔습니다. 또한 한국인들을 전쟁터에서 나가 싸우도록 하거나, 전쟁을 위한 고된 일을 하도록 강제 징용을 실시하였어요.

이 때문에 수많은 우리 국민들이 일제가 벌인 전쟁에 의해 희생되었답니다. 전쟁터뿐만 아니라 수많은 한국인들을 탄광이나 철도 건설, 군수 공장 등에 강제로 끌고 가 노예처럼 가혹한 노동을 강요하기도 했지요. 이를 견디지 못한 수많은 사람들이 고통스러운 죽음을 당했답니다.

▲ 한국인 징용자들

▲ 강제 징용

심지어 **학도병제**를 실시하여 어린 학생들까지 전쟁터로 끌고 가 총을 들고 싸우도록 했어요. 학도병제는 겉으로는 자발적 지원에 의한 것이라 했으나, 조선 총독부는 학교에서 갖가지 방법으로 인원을 채울 수밖에 없도록 하여 어린 학생들을 강제로 전쟁터로 끌고 갔답니다.

★ 일제, 우리의 민족정신을 없애려고 하다

일제는 우리 국민들을 무력으로 억압하며 다스리려고 하였지만, 더욱 무서운 것은 정신적으로도 우리 민족을 개조시키고 지배하려고 했다는 점이었어요. 이를 위해 우리식의 이름을 버리고 **일본식 이름을 강요**하였답니다(창씨개명[1]). 만약에 응하지 않으면 갖가지 방법으로 불이익을 주며 끝내 이름을 바꿀 수밖에 없도록 하였지요.

또한 **한국말 사용을 금지**하였으며 일본말을 쓰도록 강요하였고, 학교에서 한국의 역사도 배울 수 없도록 만들었어요. 그리고 전국 각지에 신사를 세워서 신사 참배[2]를 강요하기도 하였지요. 이러한 정책을 통해 한국인의 정체성과 민족의식을 없애고 일본의 황국 신민으로 만들어 우리 국민들을 완전히 지배하고자 하였답니다.

▶ 〈역사채널e
– 다시 돌아올 것이다
1부(일제의 역사 왜곡)〉

1) 창씨개명 : 성씨를 만들고 이름을 바꾸는 것.

2) 신사 참배 : 일제의 종교 의식이면서 제국주의 일본의 국민의례의 일종. 이를 우리 국민에게도 강요했다는 것은 일제가 우리 국민들의 의식까지 개조하려 했다는 것을 의미.

▲ 한성(서울) 남산에 있었던 조선 신궁
– 일본 건국 신화의 주인공과 일본 천황을 모시는 종교시설로, 한국인에게 강제로 신사 참배를 강요한 대표적인 곳입니다.

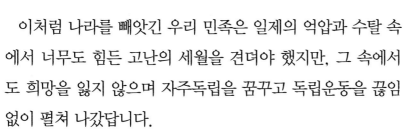

▲ 신사 참배

이처럼 나라를 빼앗긴 우리 민족은 일제의 억압과 수탈 속에서 너무도 힘든 고난의 세월을 견뎌야 했지만, 그 속에서도 희망을 잃지 않으며 자주독립을 꿈꾸고 독립운동을 끊임없이 펼쳐 나갔답니다.

2. 일제의 경제적 수탈

일제의 식민지가 된 이후 우리 국민들은 많은 것을 빼앗겨야 했답니다. 일제는 우리나라를 경제적으로 수탈하며 자신들의 대륙 전쟁에 필요한 모든 물자를 빼앗아가려고 했어요.

▲ 토지 조사 사업

★ 토지 조사 사업

일제는 우리나라를 식민지로 만들면서 토지 조사 사업을 시작하였어요. 이는 겉으로는 근대적 토지 소유 제도를 세우겠다는 것이었지만, 실제로는 한국인 소유의 토지를 빼앗고 세금을 거두어 식민지 통치에 필요한 자금을 확보하기 위한 것이었지요.

또한 빼앗은 토지를 한국에 이주해 살고 있거나 이주할 일본인들에게 나눠주어 일본인들의 토지 소유를 확대하려는 속셈이었답니다.

토지 조사 사업의 요점은 조선인 토지 소유자가 조선 총독이 정하는 기간 내에 소유한 토지를 총독부에 신고해야 한다는 것이었어요. 하지만 신고 기간에 제한이 있었고, 관련 제출 서류가 매우 복잡했습니다. 또한 일제의 침략에 반감을 품고 있는 사람이 많았기 때문에 많은 수의 우리 국민들이 신고하기를 꺼렸어요.

그런데 이러한 이유 등으로 신고를 하지 않으면 이를 주인 없는 땅으로 간주한 총독부에게 모두 **빼앗기고** 말았답니다. 토지 조사 사업으로 인해 수많은 한국인들이 땅을 **빼앗겨** 남의 땅을 빌려 농사를 짓는 소작농으로 전락하였어요. 살 길이 막막해진 사람들은 만주, 연해주 등 해외로 이주하기도 하였지요.

★ 산미 증식 계획

일제는 1920년대 들어 식량 사정에 어려움을 겪게 되었어요. 일본 본토에서 쌀이 부족해지자 이를 해결하기 위해 우리나라에서 식량을 약탈하려 하였죠. 1920년대부터 **산미 증식 계획**을 시작하였는데, 이 계획은 15년 간 쌀 생산량을 증가시켜 우리 땅에서 연간 920만 석의 쌀을 생산하고 이 가운데 700만 석을 일본으로 가져간다는 것이었어요. 양을 보면 알 수 있듯이 생산량의 절반이 훨씬 넘는 많은 양을 **빼앗아** 가려는 것이었죠.

▲ 군산 부잔교(뜬다리)
일제는 부잔교를 만들어 전라도 곡창 지대에서 생산된 쌀을 실어날랐어요.

이로 인해 우리 국민들이 오히려 먹을 것이 없어 만주에서 수입한 잡곡으로 연명하게 되었어요. 또한 일제는 쌀 생산량을 높이는데 드는 각종 비용을 우리 농민들에게 떠넘겨 우리 국민들은 큰 어려움을 겪었답니다.

① 일제 강점기 우리 민족의 생활 모습

1. 오늘날 식민지 근대화론을 주장하며 "일제강점기 일제의 식민지 정책이
   우리나라의 경제를 발전시키고 근대화를 앞당기는데 기여했다."고 주장
   하는 일부 학자들이 있습니다. 아래 일제강점기 고통 받던 우리 민족의
   모습이 담긴 글을 읽고 이들의 주장에 반박하는 글을 써봅시다.

   일제강점기 일본인이 사는 남촌에는 근대 문명과 상권이 집중되었어요. 반
   면 한국인들이 사는 곳은 그렇지 못했지요. 한성(서울)은 도시로서 발전했지
   만 근대 문명이 발달한 일본인 거주 지역에 집중되었고 일본인 거주지와 한국
   인 거주지가 점차 분리되어갔답니다.
   　도시의 서민들은 가난했고 초가집이나 구식 기와집에 사는 사람이 대부분이
   었어요. 심지어 제대로 된 집이 없어 도시 변두리나 산기슭, 강가 등지에 토막
   집을 짓고 사는 사람들도 많았고 집 없이 떠돌아다니는 사람도 많았답니다.
   　근대 문물이 소개되며 빵, 케이크, 카스텔라 등 서양 음식이 유입되었지만, 우
   리 국민들은 식량 사정이 열악하여 여전히 잡곡밥, 수수밥 등을 먹거나 심지어는
   소나무 속껍질로 만든 떡, 밀기울[1], 술찌기[2] 등 찌꺼기 음식을 먹으며 살아갔
   어요.
   　가족과 친지가 모두 전쟁터나 군수 공장으로 끌려가 생사조차 알 수 없는 경
   우가 많았고, 견디다 못해 아무런 연고도 없는 먼 해외로 이주하는 사람도 있었
   답니다.

---

1) 밀기울, 2) 술찌기 : 각각 밀가루와 술을 만들고 남은 찌꺼기를 말해요.

① 일본군 '위안부'

▲ 소녀상(서울, 종로 일본대사관 앞)

일제는 1944년 **여자정신대** 근로령을 만들어 배우자가 없는 12세부터 40세까지 여성을 강제로 전쟁에 동원했어요. 이에 따라 남자들뿐만 아니라 여자들도 강제로 전쟁터에 끌려갔는데, 특히 일본군은 여자들을 자신들의 성노예인 '**위안부**'로 삼기도 했답니다. 전쟁터로 끌려간 여성들은 일본군 '위안부'가 되어 비참한 생활을 견뎌야 했는데, 현재까지도 당시 끌려갔던 당사자들의 증언이 생생하게 남아있지만 일본은 여전히 이러한 과거를 부정하고 있답니다.

▲ 나눔의 집(경기, 광주) – 위안부 할머니들이 모여 사시는 곳으로 돌아가시면 동상을 세워 놓아요.

증언을 들어보면 강제로 끌려간 사람도 있었고, 애국봉사대란 이름으로 나라를 위해 봉사 활동을 하면 일본에 가서 공부를 시켜준다는 거짓말에 속아 끌려간 사람도 있다고 하니 당시 일제의 교활함을 엿볼 수 있지요. 이처럼 '위안부'문제는 일본 정부에 의한 조직적인 동원이었지만 지금까지도 일본은 정부 차원의 공식적인 사과를 하지 않고 있어요. 이는 독일 정부가 2차 세계대전 때 저지른 범죄 행위를 인정하고 사죄한 행동과 대비되어 우리와 주변 국가들을 매우 분노케 하고 있답니다.

② 강제 징용

　1930년대 후반 들어 우리 국민들은 일제에 의해 가장 참혹한 고난을 겪어야 했어요. 중국 대륙으로 침략 전쟁을 확장시킨 일제는 1938년 **국가 총동원법**을 시행하며 전쟁에 필요한 인적 자원을 강제로 동원하고 군수 물자를 최대한 확보하기 위해 우리나라로부터 각종 자원과 물자를 대량으로 빼앗아 갔어요.

　먼저 한국의 청년들을 지원병 형태로 침략 전쟁에 동원하기 위해 일제는 1938년 2월 육군 특별 지원병령을 시행하였어요. 이에 따라 육군 지원병 훈련소가 설치되고 이들 훈련소에서는 강제 동원된 청년들의 훈련이 실시되었지요. 1943년 미국과의 태평양 전쟁이 시작되고 나서는 해군 특별 지원병령도 시행하여 더욱 많은 청년들을 전쟁터로 끌고 갔답니다.

　심지어 1943년에는 **학도병제**를 실시하여 약 4,500여 명의 학생들까지도 전쟁에 동원하였어요. 학도지원병제는 겉으로는 자발적인 지원이라 하였으나 총독부는 해당 학교에 온갖 수법으로 강요하여 정해진 인원을 채우도록 하였지요. 당시 일본군에 채용되어 전쟁에 끌려간 지원병이 약 2만 3천여 명이었다는 통계도 있습니다.

　1944년 일제가 **징병제**를 실시하고 나서부터는 무차별적으로 한국의 청년들을 전쟁터에 강제로 동원하였답니다. 징병제가 실시됨에 따라 20세 이상의 남성이면 누구든지 강제로 병사로 끌고 갈 수 있게 되었고, 20만여 명이 넘는 한국의 청년들이 전쟁터로 끌려가서 일제가 벌이는 전쟁에 희생될 수밖에 없었어요.

　전쟁터 뿐 아니라 수많은 한국인들을 탄광이나 철도 건설, 군수 공장 등에 강제로 끌고 가 가혹한 노동을 강요하였는데, 일제는 이를 위해 1939년 **국민 징용령**을 제정하였어요. 징용령이 내려지면서 강제 동원된 100만여 명의 우리 국민들은 노예처럼 가혹한 노동을 견뎌내야만 했어요. 이를 견디지 못한 수많은 사람들이 죽음에 이르기도 했지요.

◀ 〈역사채널e – 강제 징용〉

문제로 정리하기

1 일제가 한민족을 지배하기 위해 설치한 통치기구는?

(   )

2 일제가 우리 국민들의 토지를 빼앗기 위해 실시한 정책은 무엇인가요?

(   )

3 일제가 우리 민족의 정신을 말살시키기 위해 실시한 정책을 모두 고르시오. (,   )

① 창씨개명   ② 신사 참배

③ 한국말 사용 허가   ④ 한국사 교육 허가

4 일제가 우리나라의 어린 학생들을 전쟁터로 끌고 가기 위해 실시한 정책은 무엇인가요?

(   )

정답 **1** 조선총독부   **2** 토지조사사업   **3** ①, ②   **4** 학도병제

국내외에서 독립운동이 일어나다

1. 일제에 저항하며 독립 만세 운동이 일어나다

대한민국은 해마다 3월 1일을 국경일로 정하여 온 국민이 기념하고 있어요. 그 이유는 1919년 3월 1일이 온 국민이 한마음으로 대한 독립 만세를 외치며 일제에 대항하여 독립 운동을 펼친 날이기 때문입니다. 일제강점기 우리 학생들은 일제의 억압에 저항하며 나라를 구하기 위해 직접 움직이는 용기를 보여주기도 하였죠.

★ 3·1운동이 일어나다

▲ 탑골공원 팔각정 – 3.1 운동이 시작된 곳이랍니다.

일제가 우리나라를 자신들의 식민지로 만들고 **헌병 경찰**을 이용하여 억압하면서, 우리 국민들은 하루하루 힘든 생활을 견뎌 나가야 했어요. 그럴수록 일본에 대한 저항심은 날로 커져 갔지요. 이러한 국내의 분위기 속에서 민족 지도자들을 중심으로 우리 국민들은 독립운동을 위해 움직이기 시작했답니다. 종교계 지도자들을 중심으로 한 민족대표 33인은 **독립 선언서**를 채택하였어요. 그들은 1919년 3월 1일 한자리에 모여 독립 선언서를 낭독하고 독립운동을 펼치기로 결의[1]하였지요.

1) 결의 : 뜻을 정하여 굳게 마음을 먹음.

이러한 소식을 전해 들은 우리 국민들은 만세 시위를 펼쳐 나가기 시작했어요. 처음에는 탑골공원[2]에 모여 있던 학생들을 중심으로 만세 시위가 시작되었지요. 이러한 만세운동은 서울에서 시작하여 순식간에 전국으로 퍼져나갔답니다. 역사적인 3.1운동이 시작된 거에요.

2) 탑골공원 : 서울특별시 종로구에 위치한 우리나라 최초의 도심 내 공원이에요.

3.1운동은 평화적인 만세 시위 운동이었지만 일본의 군인·경찰들은 총칼을 앞세워 이를 무자비하게 탄압했어요.

▲ 화성 제암리 학살사건 현장

특히 **화성 제암리**에서는 일본군이 교회에 마을 사람들을 모이게 하고 밖에서 문을 걸어 잠근 후 마구잡이로 총을 쏜 뒤 불을 질러 수십 명을 학살[3]한 사건이 있었답니다.

3) 학살 : 많은 사람을 참혹하게 마구 죽임

이러한 참담한 사건이 일제의 은폐[4]와 조작에 의해 아무에게도 알려지지 않은 채 묻힐 위기에 처했어요. 그러나 캐나다인 선교사 스코필드(한국 이름, 석호필)가 사진을 찍어 보도하는 바람에 온 세상에 공개되었지요.

4) 은폐 : 덮어 감추거나 가리어 숨김

▶ 〈역사채널e – 제암리 학살사건〉

3.1운동에 당시 수많은 학생들이 참여했는데, 그중에서도 가장 대표적인 학생 독립운동가는 **유관순**이었어요. 그녀는 학생 신분으로 3.1운동에 참여하여 서울에서부터 만세운동을 시작했어요. 하지만 일제가 강제 휴교령을 내려 학교문을 닫자, 그녀는 고향인 충남 병천(아우내)으로 내려갔답니다.

▲ 유관순

1) 순국 : 나라를 위하여 목숨을 바침.

▶〈JTBC-여성독립운동사에 한 획을 그은 유관순 열사의 독립선언〉

그녀는 이곳에서도 3천여 군중들에게 태극기를 나누어주며 시위를 이끌었어요. 만세 시위 과정에서 부모님이 모두 일본군에 의해 죽임을 당하였지만 그녀는 끝까지 일본군에 대항해 '대한 독립 만세'를 외쳤지요. 결국 유관순은 체포되어 온갖 고문을 당한 후 서대문 형무소의 차가운 감옥에서 18세의 어린 나이로 순국[1]하였답니다.

이처럼 우리 국민들은 일본의 무자비한 탄압에도 굴하지 않고 만세 운동을 펼치며 독립 의지를 전 세계에 널리 알렸습니다.

▲ 천안 아우내 독립만세기념공원

▲ 서대문 형무소 : 유관순 등 많은 독립운동가들이 이곳에서 돌아가셨어요.

2. 대한민국 임시 정부, 독립운동의 중심이 되다

우리 민족은 3.1 운동을 통해 독립을 이룰 수 있다는 자신감을 얻었어요. 또한 국외로 나가있던 우리 국민들도 조국의 독립을 위해 여러모로 힘쓰기 시작했지요. 이처럼 국내외로 퍼져있던 우리 국민의 독립의지를 한데 모으기 위해 통일된 정부가 필요하게 되었습니다.

★ 대한민국 임시 정부가 수립되다

3.1 운동 이후 독립 운동가들과 민족지도자들은 독립운동을 효과적으로 실시하기 위해서 통합된 정부를 만들고자 하였어요. 이들은 통합된 정부를 독립운동의 구심점[1]으로 삼아야 한다는 데 의견을 모았지요.

이러한 뜻이 모아져 1919년 9월 11일 중국 상하이(상해)에 통합된 우리 민족 최초의 민주공화제 정부인 **대한민국 임시 정부**를 세우게 되었어요. 지금 우리나라 이름이 '대한민국'이라는 것에서 알 수 있듯 현재의 우리나라는 대한민국 임시정부의 법통[2]을 계승하고 있는 것입니다.

대한민국 임시 정부가 의미하는 민주공화제란 조선왕조처럼 왕이 나라를 다스리는 것이 아닌, 국민이 직접 정치에 참여하여 대통령을 뽑고 나라의 주권[3]을 가지는 것을 의미한답니다. 또한 임시정부는 입법기관, 행정기관, 사법기관을 두어 오늘날처럼 삼권분립에 기초한 민주주의 정부의 형태를 갖추었어요.

이렇게 만들어진 임시정부는 이후 독립운동의 구심점

1) 구심점 : 중심으로 향하여 쏠리어 모이는 점. 어떤 역할의 핵심적인 인물이나 단체를 일컫는 말로도 쓰임.

2) 법통 : 법의 계통이나 전통.

3) 주권 : 국가의 의사를 결정하는 힘·권력

▶ 대한민국 임시정부 요인들

▶ 〈역사채널e
– 임시 정부의 연통제〉

▲ 상하이 임시정부 청사

▲ 항저우 임시정부 청사

역할을 하게 됩니다. 국내외를 연결하는 연락을 담당하기도 했고 독립운동에 필요한 돈을 마련하고자 여러 가지 방법을 시도하기도 하였지요. 또한 외교 활동에도 힘을 기울여 우리나라가 정식 정부가 존재하는 완전한 자주 국가임을 전 세계에 알리고자 노력하였답니다.

그러나 임시정부의 노력에도 불구하고 얼마 뒤 임시정부의 비밀 조직망이 일제 경찰에게 발각되며 국내와의 연락이 끊어지게 되었어요. 이로 인해 어려움을 겪으며 임시정부의 활동이 위축되었지요. 또한 임시 정부의 지도자들 간에도 갈등이 생기기 시작하며 임시 정부가 해체될 위기에 놓이기도 하였답니다. 1930년대 들어서는 일제의 집요한 감시와 탄압이 점점 심해지며 더욱 큰 어려움을 겪었지만, **김구**의 **한인 애국단** 활동 등을 통해 독립 운동을 이어 갔습니다.

〈역사 속 여성〉 남자현(1872년~1933년)
여성으로서 독립운동에 평생을 바쳤던 인물. 봉오동 전투에서 아들과 함께 참전하였고, 일본군 사령관 암살을 시도하다 체포되어 세상을 떠났습니다. 영화 「암살」의 모티브가 된 여성독립운동가입니다.

더 알아보기

또한, 임시정부의 노력으로 1943년 11월 **카이로회담**에서 일제 패망 이후 한국의 독립을 보장 받는 성과를 올렸으며, 한국광복군[1]을 창설하여 미군과 합동으로 국내에 진입하는 계획을 세웠습니다.

1) 한국광복군 : 한국 광복군이 활동하던 1940~1945년은 미국과 일본이 전쟁 중이었기 때문에 미국의 도움으로 훈련을 받을 수 있었어요.

3. 학생들도 독립운동을 하다

일제 강점기 학생들은 단순히 학교에 모여 공부만 열심히 하는 것이 아니라, 나라를 위해 자신이 무엇을 해야 할지 고민하고 노력하였어요. 그리고 이들은 이러한 고민을 행동으로 옮기는 모습을 보여주기도 했답니다.

1926년 4월 26일 고종에 이어 왕위에 올랐던 대한제국의 마지막 황제 순종[2]이 승하하자, 3.1 운동 이후 가장 큰 규모의 독립 만세시위 운동이 계획되었어요. 다시 한번 우리 민족 전체가 참여하는 만세 운동을 펼치기로 한 거에요. 일본 경찰은 이를 사전에 파악하고 만세운동을 벌이지

2) 순종 : 1907~1910년에 대한제국 황제의 자리에 있다가 일제에 나라를 뺏기면서 왕의 지위로 내려간 사실상 조선시대 마지막 왕이에요.

▲ 순종 황제 국장(1926년)

▶ 〈역사채널e
– 일본의 우민화 정책에 대항한 조선의
실력 양성 운동〉

▲ 광주 학생 독립운동 기념탑

못하도록 시도하였어요. 시위를 주도할 것으로 짐작되는 민족지도자들을 미리 감옥에 가두기도 하였지요. 하지만 이에 굴하지 않고 결국 만세운동을 시작할 수 있게 되었던 데에는 학생들의 역할이 가장 컸답니다.

학생들은 1926년 6월 10일 순종의 장례 행렬이 서울의 거리를 지날 때, 일본 경찰들의 삼엄한 경계에도 불구하고 격문[3]을 뿌리며 시위를 강행했어요. 시민들까지 합세하며 만세 시위 운동을 전개했는데, 이를 6.10 만세운동이라고 해요.

6.10 만세운동 이후 우리나라 학생들 사이에선 일제에 저항하고자 하는 움직임이 점점 커졌고, 이들은 비밀결사 조직을 만들어 활동하기도 했어요. 또한 우리나라에 대한 차별을 없애고 우리 학생들이 우리말을 배울 수 있도록 할 것과 우리나라 교사에게 배울 수 있도록 하는 것 등을 적극적으로 주장했지요.

학생들의 만세 시위 운동은 3년 뒤에 또다시 이어졌어요. 1929년 광주에서 우리나라 여학생이 통학열차 안에서 일본인 학생들에게 희롱당하는 사건이 발생했어요. 이에 우리나라 학생들과 일본 학생들 사이에서 싸움이 일어나게

3) 격문 : 어떤 일이나 사건을 여러 사람에게 널리 알리기 위한 글.

되었는데, 일본 경찰들이 일방적으로 일본 학생의 편만 들고 한국인 학생들만 처벌한 거예요.

이 사건을 계기로 그동안 억눌려 왔던 한국 학생들이 대규모 시위를 벌이게 됐는데, 이를 **광주학생항일운동**이라고 해요. 학생들뿐만 아니라 시민들도 합세하며 시위의 규모가 전국적으로 확대되었고, 이는 이듬해 3월까지 이어지며 수 만명의 우리 국민들이 참가했답니다.

이처럼 일제강점기에 우리나라 학생들은 학교에서 공부만 한 것이 아니라 조국을 위해 항일 민족 운동을 펼치기도 하였어요. 그리고 학생들의 이러한 노력은 당시 점점 침체되어 가던 국내 독립운동에 새로운 활력을 불어넣어 주었답니다.

▶ 〈tvN 어쩌다어른 – '광주 학생 항일 운동'의 이야기〉

4. 일본에 무력으로 맞서 싸우다

3.1운동 이후 많은 독립 운동가들은 평화적인 방법으로는 일제를 몰아내고 독립을 이룰 수 없다는 것을 깨달았어요. 우리 민족도 일본처럼 군사력을 키워서 일본과의 독립 전쟁을 준비해야 한다고 생각하기 시작했답니다.

이에 따라 국외에서 우리 국민이 많이 살고 있는 곳을 거점으로 독립운동 기지를 세우고 일제에 대항하여 독립 전쟁을 본격적으로 벌이기로 했어요. 이후 독립군 기지가 만들어지게 되고 여러 곳에서 독립군 부대가 편성되어 일본군을 상대로 전투를 벌이기 시작했지요. 그중에서도 **홍범도** 장군의 부대와 **김좌진** 장군의 부대는 일본군을 상대로 대승을 거두며 독립군의 사기를 높이는데 큰 기여를 했답니다.

▲ 청산리 대첩, 봉오동 전투

▲ 봉오동 전투 현장(중국 왕청)
봉오동 댐이 건설되어 지금은 물에 잠겨 있어요.

▲ 홍범도(1868~1943)

▶ 〈지식채널e—대한독립군 대장, 홍범도〉

▶ 〈홍범도 장군 유해 봉환 식〉

★ 홍범도 장군, 봉오동 전투를 승리로 이끌다

일본군은 독립군 부대의 규모가 점점 커지자 눈엣가시처럼 여겼어요. 당시 일본군은 독립군의 활약으로 만주 국경 일대에 대한 식민통치가 어려워지자 우리 독립군부대를 없애기 위해 군사작전을 펼치기 시작했어요.

그리하여 대규모의 일본군 부대가 우리 독립군의 본거지인 봉오동 입구로 진입해오게 되었습니다. 하지만 이를 미리 알고 있던 홍범도 장군과 그의 부대원들은 3면에서 매복하고 있다가 일본군을 포위하여 맹렬히 사격을 가했어요. 결국 일본군은 독립군의 포위망 속에서 수많은 사상자를 내고 후퇴할 수밖에 없었답니다. 이날의 전투를 봉오동 전투(1920년)라고 해요. 봉오동 전투는 독립군이 큰 규모의 전투에서 거둔 첫 승리로 우리 민족에게 큰 감동과 희망을 주었어요. 또한 당시 국외에서 활동하고 있던 독립 운동 단체들의 사기를 크게 드높였어요.

★ 김좌진 장군, 청산리 대첩을 승리로 이끌다

봉오동 전투에서 참패한 일본군은 우리 독립군을 토벌[1] 하겠다며 보다 철저한 계획을 세웠어요. 일본군은 이전보다 훨씬 많은 수의 군대를 보내 우리 독립군을 없애려고 하였지요.

독립군은 이러한 소식을 전해 듣고 만반의 준비를 갖추기 시작했어요. 전투 장소를 산악지대로 바꾸어 새로운 기지를 마련하고 일본군과의 결전에 대비했답니다. 마침내 서로 맞서게 된 독립군 부대와 일본군은 1920년 10월 청산리 백운평 계곡의 전투를 시작으로 6일간 10여 차례의 격렬한 전투를 치르게 되었어요. 이를 **청산리 대첩**이라고 해요.

1) 토벌 : 무력으로 쳐 없앰.

▲ 김좌진(1889~1930)

▲ 한국광복군과 훈련 모습

더 알아보기

★ 한국광복군이 창설되다

대한민국 임시정부는 1940년에 중국 본토인 충칭에 새로운 정부 청사를 마련하고 새로운 부대인 **한국광복군**을 창설했어요. 한국광복군에는 당시 여러 지역에 흩어져있던 우리 독립군들이 많이 합류했고, 그 규모와 군사력이 점점 커졌답니다.

이때부터 한국광복군은 우리 민족의 독립을 위한 최고의 부대가 되었어요. 한국광복군은 미국과 일본 간의 전쟁인 태평양 전쟁이 벌어진 직후 일본에 선전포고를 하였지요. 그리고 미국과 함께 연합군에 편성되어 활약했어요.

또한 한국광복군은 직접 국내로 진입하여 일본군을 몰아내려는 국내 진공 작전을 세우기도 했지요. 이들은 미국의 도움으로 부대원들에게 특수훈련을 실시했고, 국내로 진입할 만반의 준비를 갖추었지요. 하지만 1945년 8월 15일 일본이 태평양전쟁에서 패배하고 항복하면서 이 작전은 시도해 보지도 못하고 아깝게 무산되고 말았답니다.

▶ 〈EBS 5분 사탐
– 청산리 대첩〉

▲ 북로군정서군 – 가운데 앉아 있는 사람이 김좌진 장군입니다.

▶ 〈EBS 다큐, 독립군의 위
대한 유산, 청산리 전투 1〉

이때 독립군은 일본군에 비해 규모가 매우 적었으므로 여러 부대가 서로 연합하여 일본군과 싸웠습니다. 김좌진 장군의 부대를 중심으로 한 독립군 연합 부대는 지형적 이점을 이용하여 뛰어난 군사 전략으로 일본군에 큰 승리를 거두었어요.

▶ 〈EBS 다큐, 독립군의 위
대한 유산, 청산리 전투 2〉

독립군은 일본군에 비해 그 수가 매우 적었고 화력도 부

▲ 청산리 항일대첩기념비(지린성 허룽현)

▲ 청산리 마을

▲ 청산리 대첩 때 사용한 무기

족하였지만 뛰어난 지휘관과 군사전략, 그리고 애국심을 가지고 있었습니다. 더불어 간도지역 한인 동포들의 헌신적인 지원으로 일본군에 큰 승리를 거둘 수 있었지요.

★ 한인 애국단의 이봉창과 윤봉길, 조국 독립을 위해 목숨을 바치다

1930년대 들어 임시 정부의 활동이 위축[1]되자 **김구**는 **한인애국단**을 조직하여 일제를 응징함으로써 동포들에게 용기를 심어주기로 계획하였어요.

한인애국단의 첫 번째 활동은 **이봉창** 의사의 의거였답니다. 이봉창 의사는 상하이의 임시정부에서 김구를 만난 뒤 나라를 위해 자신의 목숨을 바치기로 결심했어요.

일본의 도쿄로 건너간 이봉창 의사는 1932년 우리나라 침략의 원흉인 일본 국왕[2]을 없애기 위해 국왕이 탄 마차에 폭탄을 던졌어요. 하지만 안타깝게도 이는 실패하고 말았죠. 이봉창 의사는 일본군에게 붙잡혀 사형 선고를 받고 같은 해 감옥에서 순국하였어요. 하지만 그의 용기 있는 행동과 독립 정신은 전 세계를 놀라게 하기에 충분했지요. 그의 의거는 일본의 만주 침략에 분개하고 있던 중국인들에게도 감동을 주었다고 해요.

한인애국단의 활동은 여기서 멈추지 않았어요. 이번에는 **윤봉길** 의사가 자신의 목숨을 바쳐 의거를 벌이기로 결심했어요. 윤봉길 의사는 중국의 상하이에서 김구를 만나 태극기 앞에서 조국 독립을 위해 의거를 벌일 것을 선서하였습니다. 그리고 중국과 우리나라를 침략하는 일본군 총사령관을 비롯한

1) 위축 : 어떤 힘에 눌려 기를 펴지 못함.

▲ 이봉창

2) 일본 국왕 : 이봉창 의사가 처단하려 했던 일본 국왕은 히로히토였습니다. 여러 전쟁을 일으킨 일본의 통치자였지만 1989년까지 장수하며 역사적 책임을 지지 않았어요.

▶ 〈가슴 벅찬 우리의 역사 – 이봉창〉

▲ 상하이 매정(윤봉길 기념관)

▲ 윤봉길

▶ 〈역사기행 그곳–형을 앞두고 끝까지 당당했던 윤봉길〉

일본군의 고위급 장교들을 없애기로 했답니다.

　1932년 4월, 마침내 거사일이 되자 윤봉길 의사는 상하이 홍커우 공원으로 향했고, 전쟁승리 기념식장에 모인 일본군 장교들에게 폭탄을 던졌어요. 그의 폭탄에 일본군 총사령관을 비롯한 많은 고위급 장교들이 그 자리에서 죽거나 크게 다쳤지요.

　윤봉길은 그 자리에서 체포되어 이후 사형선고를 받고 총살형을 당했지만, 죽는 그 순간까지 당당하며 용기를 잃지 않았어요. 당시 중국의 지도자였던 장제스는 '중국의 백만 대군도 하지 못한 일을 한국의 한 청년이 해내었다'고 극찬할 정도로 그의 의거는 대단한 일이었답니다. 또한 이를 계기로 중국 정부는 대한민국 임시정부와 우리 독립군의 활동을 인정하고 적극 지원하기로 결정했어요.

5. 우리의 역사와 문화를 지키고자 노력하다

★ 민족 정신을 지키고자 노력하다

일제는 우리나라를 식민 통치하는 동안 끊임없이 우리 민족을 억압하고 괴롭혔지만, 이러한 육체적 억압보다 더욱 두려운 것은 정신적으로도 우리 민족을 완전히 지배하려고 했다는 점이었어요. 일제는 우리말, 우리 역사를 금지하고 **이름까지 일본식으로 바꾸도록** 하였으며 **신사 참배도 강요**하는 등 온갖 방법을 동원하여 우리의 민족정신을 없애려고 하였답니다. 이러한 상황에서도 우리의 민족 정신을 지키기 위해 노력한 사람들이 있었어요.

먼저 역사 분야에서는 **박은식**이 우리 역사의 자주성을 강조하며 「**한국통사**」라는 책을 쓰고, 우리 민족이 피를 흘리며 일제에 저항해야만 하는 이유를 강조하였어요. 그는 '혼'이 담긴 민족사의 중요성을 주장하였답니다. 이 말은 우리나라가 비록 일제의 식민지가 되었지만, 우리 민족이 우리의 역사(우리의 혼)를 잊지 않는 한 언젠가 반드시 자주독립을 이룰 수 있을 것이라는 뜻이에요. 그만큼 우리의 역사를 올바로 아는 것이 중요하다고 생각했답니다. 이는 오늘날 우리가 우리나라의 역사를 왜 배워야 하는지를 깨닫게 해주는 이야기이기도 해요.

신채호 또한 우리 민족의 역사를 재평가하는 역사서들을 만들며 일본의 왜곡으로 잘못 알려진 우리 역사들을 바로잡고자 노력하였어요. 또 그는 연구를 통해 고조선으로부터 시작되어 고구려, 발해까지 이어지는 우리의 고대 역사

▲ 박은식(1859~1925)

▶ 〈국회방송 한국의 정신 – 박은식〉

▲ 신채호(1880~1936)

를 완성하였답니다.

★ 우리 말과 글을 지키고자 노력하다

우리의 민족정신을 지키기 위한 노력은 한글 연구 활동에서도 꾸준히 전개되었어요. 이윤재, 최현배 등을 중심으로 한 조선어 연구회를 시작으로 한글을 본격적으로 연구하기 시작하였답니다. 그들은 1932년 **조선어학회**를 만들어 본격적으로 한글을 연구하고 한글을 국민들에게 보급하기 위해 노력하였지요.

이들은 먼저 **한글맞춤법 통일안**을 만들었어요. 그리고 표준어와 한글날¹⁾을 제정하여 우리말과 글을 널리 알리기 위해 애썼답니다. 또한 우리의 표준말을 확실히 정립하는 것이 중요하다고 생각했지요. 일제의 지배 아래 우리 민족을 다시 태어나게 하는 가장 빠른 방법은 한글을 정리하고 통일화하는 것이라는 점을 강조했어요. 이를 위해 우리의 언

▶ 〈역사채널e
– 조선어 학회〉

1) 한글날 : 우리 글자 한글의 우수성을 기리기 위한 국경일입니다. 1926년 지정된 '가갸날'이 1928년 '한글날'로 바뀐 것을 시작으로 보고 있어요.

▲ 조선어학회 회원들

어인 한글을 하나로 모아 **국어사전**을 편찬하기로 계획하였답니다.

당시에는 일제가 우리말을 사용하지 못하도록 했을 뿐만 아니라 우리말 교육 자체를 금지시킨 상황이었기 때문에 이들의 이러한 노력은 목숨을 건 독립운동이나 다름없는 것이었죠. 결국 1942년 일제는 조선 어학회를 독립운동 단체로 지목하고, 이들을 체포해 옥에 가두었어요. 그리고 수년 동안 노력하여 만든 '**우리말 큰 사전**'(1, 2권은 '조선말 큰 사전' 조선어학회가 한글학회로 개칭되면서 3권은 '큰 사전'이 됨 / 우리말 큰 사전은 1991년에 간행됨)의 원고를 모두 **빼앗아** 갔습니다. 이후 조선어학회는 해체되었지만 이들의 노력은 우리 민족의 문화를 수호하려 했다는 측면에서 매우 중요한 의미를 가집니다.

우리가 오늘날 우리말을 배우고 우리 역사를 온전히 이해할 수 있는 것은 일제강점기 국어학자들과 역사학자들이 우리말과 우리 역사를 지키기 위해 노력했기 때문이라는 사실을 잊어서는 안 됩니다.

평화의 소녀상

위안부란 일본이 전쟁을 수행하면서 설치한 '위안소'에 강제 동원되어 성노예 생활을 강요당한 여성을 말해요. 당시 조선, 중국, 필리핀, 호주 등 일본군이 침략했던 나라의 여성들을 협박, 폭력 등으로 동원했습니다. 1990년대 용기있는 할머니들을 통해 처음 세상에 밝혀진 후, 일본의 사과와 보상을 위해 '평화의 소녀상'을 우리나라와 세계 곳곳에 세워 알리고 있어요.

더 알아보기

① 윤봉길 의사에게 편지 쓰기

1. 윤봉길 의사는 거사 직전에 장부출가 생불환(丈夫出家 生不還 : 대장부가 집을 떠나 뜻을 이루기 전에는 살아서 돌아오지 않는다.)는 비장한 글을 남긴 채 정든 가족을 뒤로하고 중국으로 떠났습니다. 윤봉길의사가 어머니와 두 아들에게 남긴 편지를 읽어보고, 윤봉길 의사의 마음을 떠올리며 여러분도 윤봉길 의사에게 편지를 써봅시다.

『사랑하는 어머니에게』

보라! 풀은 꽃이 피고 나무는 열매를 맺습니다. 만물의 영장인 사람, 저도 이상(理想)의 꽃이 피고 목적의 열매가 맺기를 자신합니다. 그리고 우리 청년 세대는 부모의 사랑보다도, 형제의 사랑보다도, 처자의 사랑보다도 일층 더 강의(强毅)한 사랑이 있는 것을 각오하였습니다.

강보에 싸인 두 병정에게 – 두 아들 모순(模淳)과 담(淡)에게

너희도 만일 피가 있고 뼈가 있다면
반드시 조선을 위해 용감한 투사가 되어라.
태극의 깃발을 높이 드날리고
나의 빈 무덤 앞에 찾아와 한잔 술을 부어 놓으라.
그리고 너희들은 아비 없음을 슬퍼하지 말아라
…
바라건대 너희 어머니는 그의 어머니가 되고
너희들은 그 사람이 되어라.

<윤봉길 의사님께 편지 쓰기>

존경하는 윤봉길 의사님께

○○○○년 ○○월 ○○일

올림

① '우리말 큰사전' 머리말(일부)

"말은 사람의 특징이요, 겨레의 보람이요, 문화의 표상이다. 조선말은, 우리 겨레가 반만년 역사적 생활에서 문화 활동의 말미암던 길이요, 연장이요, 또 그 결과이다. 그 낱낱의 말은 다 우리의 무수한 조상들이 잇고 이어 보태고 다듬어서 우리에게 물려준 거룩한 보배이다. 그러므로 우리말은 곧 우리 겨레가 가진 정신적 및 물질적 재산의 총 목록이라 할 수 있으니, 우리는 이 말을 떠나서는 하루 한 때라도 살 수 없는 것이다."

" 일제가 우리말을 사용하지 못하게 하고, 우리말 교육 자체를 금지시킨 상황에서 **조선어학회**는 한글을 정리하고 종합하여 **'우리말 큰사전'**을 편찬하고자 노력했습니다. 그 노력은 목숨을 건 독립운동이나 다름없는 것이었지요. 후손인 우리도 소중한 한글을 아끼고 사랑하며 올바르게 사용해야 할 것입니다."

▲ 우리말 큰사전 편찬 모습

선조들이 목숨을 걸고 지키고 이어온 아름다운 전통을 잊지 않고 계승하려면 인터넷이나 SNS에서도 정확하고 아름다운 한글 표기를 위해 노력해보아요.

② 재외동포들, 해외에서도 독립을 위해 힘쓰다

▲ 2·8 독립 선언을 발표한 한국인 유학생들

국내에서 3·1운동이 일어나기 약한 달 전 일본에서는 한국인 유학생들이 독립 운동을 위해 발 벗고 나섰어요. 이들은 조국 독립을 위한 실천 운동을 벌이기로 결심하고 1919년 2월 8일 일본 도쿄에서 약 600여 명이 모여 독립 선언서를 발표했답니다. 이를 **2·8 독립 선언서**라고 해요. 이들이 우리나라도 아닌 일본의 수도 도쿄 한복판에서 독립 선언서를 발표한 것은 매우 의미있는 일이었어요. 그리고 2·8 독립 선언서는 3·1 운동에도 큰 영향을 주었답니다.

▲ 필라델피아 시가 행진

한민족의 3·1 운동은 한국인이 많이 거주하는 국외의 만주, 연해주, 미국 등에서도 일어났어요. 만주 지역에서는 3월 12일에 서간도에서 수천 명의 한인들이 모여 독립 선언 축하회를 개최하고 독립만세 시위운동을 벌였어요.

연해주의 블라디보스토크에서는 국민 의회의 주관으로 대대적인 독립 만세 시위 운동이 벌어졌답니다. 미국의 샌프란시스코와 하와이에서는 3월 15일에 대한인 국민회의 주관으로 독립 시위 대회를 개최하였어요. 의장인 **안창호**는 포고문을 발표하여 끝까지 독립운동을 지원하고 참여할 것을 다짐하였지요. 이어 4월 14일부터 16일까지 3일 간 **서재필**이 중심이 되어 필라델피아의 독립관에서 한인 자유 대회가 개최되었어요. 이 대회에서 미주 동포들은 독립 선언서를 낭독하고 한국의 독립을 선언한 후 악대를 선두로 태극기를 흔들며 시가행진을 벌이기도 했답니다.

▶ 〈호국채널e
– 임시 정부의 어머니〉

❸ 임시 정부의 안주인, 정정화

1920년 1월 독립운동을 위해 75세 노인을 찾아온 한 여인.

"네가 어떻게 여길 왔느냐?"

"저라도 아버님 뒷바라지를 해드려야 할 것 같아 허락도 없이 찾아 뵈었습니다."

며느리로서 도리를 다하기 위해 이국땅을 밟은 여인, 이 여인은 이후 27년간 대한민국 임시 정부를 지키는 살림꾼이 되었습니다. 유복한 가정에서 태어나 걱정없이 자란 소녀, **정정화**. 11살 어린 나이에 동갑내기 김의한과 결혼하고 3·1 운동 직후 시아버지와 남편이 상하이 임시 정부에 합류하자 그들을 보살피기 위해 상하이행 열차에 오릅니다. 상하이에서 마주한 가족의 삶과 임시 정부의 모습은 비참했고, 수개월의 집세와 식비가 밀려 중국인 집주인에게 집을 비워줄 것을 요구받기도 했죠.

상하이에 온 지 두 달 만에 생활비와 독립 운동 자금 마련을 위해 국내 잠입을 자청하는 정정화. 목숨 걸고 모아온 돈은 임정 활동을 지탱하는 힘이 되었는데, 압록강 철교를 건너다 잡혀 취조[1]를 당하고 세 번째 잠입 중 체포되어 고초를 겪다가 시아버지 사망 소식까지 접하자 정정화는 갈 곳을 잃고 유학을 결심하게 됩니다. 그러나 독립 운동에 대한 열정으로 다시 임시 정부의 삶을 선택하는데, 윤봉길 의사의 의거가 성공하자 일제의 탄압이 거세져 임시 정부 식구들은 상하이를 탈출해야 했어요. 십여 년간 수차례 거처를 옮겨야 했던 임시 정부의 안살림은 오로지 정정화의 몫이었답니다.

"나 밥 좀 해줄라우 ?" – 백범 김구

그녀의 밥을 먹지 않은 사람이 없었을 정도로 임시 정부의 요인들을 뒷바라지하고 백범 김구의 아내와 임시 정부의 주석[2] 이동녕의 임종[3]을 지키는 등 그들의 가족까지 헌신적으로 보살폈습니다.

– 출처 : EBS 지식채널 중

1) 취조 : 범죄 사실을 밝히기 위해 조사함
2) 주석 : 국가나 정당의 최고 지위에 있는 사람
3) 임종 : 죽음을 맞이함

읽기
자료

④ 재외동포들의 시련 1 '간도 참변'

봉오동 전투와 청산리 대첩의 연이은 승리로 인해 기뻐하고 있을 무렵, 충격적인 소식이 들려왔답니다. 우리 독립군을 대대적으로 탄압하기 위해 간도 지역으로 출동했던 일본군이 간도에 있는 한인 마을을 습격하여 수많은 민간인들을 무차별적으로 학살하고 집이나 교회, 학교 등을 불태우는 만행을 저지른 거예요. 이 사건을 **간도 참변**(1920년)이라고 합니다.

일제는 간도 지역에서 독립군 활동을 벌일 수 없도록 하기 위해, 독립군에게 큰 힘이 되던 간도 지역의 동포들을 학살한 거랍니다. 일제의 이러한 만행은 1920년 10월에 시작되어 이듬해 4월까지 계속되었어요.

무려 1920년 10월부터 11월 사이에만 동포 3,400여 명이 학살되었다고 하니, 이후 몇 개월간 계속된 일본군에 죽임을 당한 한국인은 이보다 훨씬 더 많았을 거라 추측됩니다. 이처럼 간도 참변은 일제의 잔인함과 악랄함을 여실히 보여주는 사건이었으며, 일제 강점기 비극적인 사건 중 하나였답니다.

▶ 〈KBS 뉴스– 간도대학살 사진 공개〉

⑤ 재외동포들의 시련 2 '관동 대지진 학살 사건'

　　1923년 9월 1일 오전 11시 59분, 도쿄를 중심으로 한 관동 지역에 진도 7.9의 초강력 지진이 발생하였어요. 불운하게도 점심 식사 준비로 인해 거의 전 가정에서 불을 때고 있던 시간대라서 지진의 여파는 곧바로 대화재로 이어졌고, 도쿄, 요코하마 지역을 비롯한 관동 지역 일대가 궤멸[1])되다시피 한 피해가 발생하였어요. 사망자, 행방불명자가 14만 명, 이재민이 340만 명에 달하는 엄청난 재난이었지요. 그런데 재난의 혼란 속에 계엄[2])령이 선포되었고, 사회 불안 속에서 유언비어가 난무하는 이상한 분위기가 연출되었답니다.

　　유언비어 속에 '조선인이 폭동을 일으킨다', '조선인이 방화하였다', '우물에 조선인이 독을 넣었다'는 등의 근거도 없는 소문이 확대되면서 자경단[3])이나 경찰관에 의해서 아무 죄 없는 조선인들이 잔인하게 학살당하는 비극이 발생하였어요. 살해된 수는 정확하지 않지만 3,000명에서 6,000명까지 이야기되고 있고, 그 이상이라는 설도 있어요. **관동 대지진 학살 사건**은 대부분이 아직까지도 진상[4])이 명확히 드러나지 않은 채 역사적 사실로 존재하고 있답니다.

▶ 〈역사채널e –
관동 대지진과 일본인 변호사〉

▶ 관동 대지진 학살 사건 당시 사진

---

1) 궤멸 : 무너지거나 흩어져 없어짐
2) 계엄 : 군사적인 필요나 사회 안녕과 질서 유지를 위해 일정한 지역을 군대가 맡아 다스리는 일
3) 자경단 : 주민들이 자신의 마을을 지키기 위해 스스로 조직한 경비 단체
4) 진상 : 사물이나 현상의 참된 모습

문제로 정리하기

1 한인 애국단 소속으로 일제에 대항하여 의거를 벌인 두 인물은? (　,　)

① 안중근 　　　　② 김좌진 　　　　③홍범도

④ 이봉창 　　　　⑤ 윤봉길

2 1919년 3월 1일에 일어난 우리 민족 최대의 독립만세 운동은 무엇인가요?

3 김좌진 장군이 중심이 되어 우리 독립군이 일본군을 상대로 대승을 거둔 전투는?

4 대한민국 임시정부가 1940년에 창설한 독립군 부대의 명칭은?

5 1920년대 국내에서 일어난 대규모 시위 운동으로 학생들이 주축이 되어 벌인 두 번의 만세운동은?

　　　　　　　　　　　,

정답 **1** ④, ⑤ **2** 3·1운동 **3** 청산리 대첩 **4** 한국광복군 **5** 3·1 만세 운동, 6·10 만세 운동, 광주 학생 항일 운동

20 광복과 대한민국 정부의 수립

1. 광복을 맞이하다

▲ 광복 후 서울 시내의 모습

▲ 귀국한 김구

" 와~! 광복이다! 대한 독립 만세!"

1945년 8월 15일, 정오쯤 일본 국왕의 라디오 방송이 있었습니다. 방송은 일본이 전쟁에서 졌음을 인정하고 항복한다는 내용이었지요. 우리나라 국민들은 그 다음날이 되어서야 광복이 왔음을 알고 거리로 태극기를 들고 나왔어요. 국내외의 많은 독립운동가들이 독립을 위해 애쓰고 있었고, 국민들도 독립이 되기를 간절히 바랐는데, 그 독립의 순간이 찾아온 것이었습니다.

1945년 8월 광복이 되기 며칠 전에 미국은 일본에 두 발의 원자폭탄을 떨어뜨렸어요. 전쟁에서 불리했던 일본은 더 큰 피해을 막기 위해 무조건 항복을 하였어요. 일본이 항복하면

▶ 〈EBS 클립뱅크 광복의 그날〉

서 우리나라는 갑작스럽게 광복을 맞이하게 되었답니다.

광복 후 혼란을 안정시키고 새로운 나라를 준비하려는 움직임이 독립운동가들을 중심으로 일어났어요. 국내에선 **여운형**을 중심으로 **조선 건국 준비 위원회**가 조직되어 새로운 국가의 기틀을 만들어나갔어요. 각각 중국과 미국에서 독립운동을 하던 **김구**와 **이승만**도 국내로 돌아와 새로운 나라를 세우기 위해 노력했습니다.

▶ 〈네이버 지식백과 – 광복 직후의 상황〉

▲ 일본의 항복

▲ 조선 건국 준비 위원회의 여운형(가운데)

광복 후 일본군의 무장을 해제[1]하기 위해 북위 38도선을 기준으로 **소련군**과 **미군**이 한반도에 들어오게 되었어요. 강대국이었던 두 나라의 한반도 진출은 이후 우리나라가 남과 북으로 분단되는데 큰 영향을 미쳤습니다.

1) 해제 : **설치하였거나 장비한 것 따위를 풀어 없앰.**

광복은 우리 민족의 삶에도 여러 가지 변화를 가져왔어요. 일제에 의해 강제로 끌려갔던 노동자들과 다른 나라로 떠났던 사람들이 되돌아왔어요. 또한 일제에 의해 교육이 금지됐던 우리 글과 우리 역사를 다시 학교에서 배울 수 있게 되었답니다.

▲ 일본의 일장기가 내려가고 미국의 성조기가 올라가는 장면

2. 민족의 의견이 좌와 우로 갈리다

민족 지도자들은 일본으로부터 나라를 되찾기 위해 같이 협력하였지만, 광복 후 정부를 세우는 방식에 대해서는 서로 생각이 달랐어요. 한반도의 북쪽과 남쪽을 각각 점령한 소련과 미국은 국가를 운영하는 방법에 대해 서로 다른 이념[1]을 가지고 있었답니다. 그러므로 38도선의 북쪽과 남쪽 지역의 민족 지도자들은 정치 활동을 하는데 각각 소련과 미국의 영향을 받을 수밖에 없었지요.

1945년 12월 미국, 소련, 영국의 대표자들이 소련의 수도인 모스크바에 모여 한반도에 새로운 정부를 세우는 방법을

1) 이념 : 어떤 것을 이상적으로 여기는 생각이나 견해

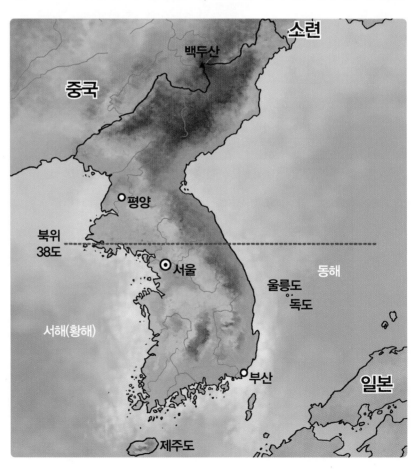

▶ 38도선

의논하였어요(모스크바 3상회의). 이 회의에서 일본의 오랜 지배에서 벗어난 지 얼마 안 된 한국이 혼자만의 힘으로 정부를 구성하기 어렵다고 보고 미국과 소련의 관리 아래 정부를 수립할 것을 결정하였지요. 또한 최대 5년 간 미국, 영국, 소련, 중국 4개국이 임시로 신탁 통치[2]를 하기로 하였어요.

2) 신탁 통치 : 특정 국가가 일정 지역을 대신 다스리는 통치 체제.

35년 간 일본의 억압을 받은 한국인들은 이 사실을 접하고 격렬하게 반대 운동을 하였어요. 그러나 한편에서는 소련의 영향을 받은 사람들이 모스크바 회의에서 결정된 사항을 지지한다고 주장하였지요. 이렇게 **신탁 통치** 결정을 두고 찬성하는 사람들과 반대하는 사람들로 나뉘어 갈등을 겪었어요.

▲ 신탁 통치 찬반 시위

▲ 미소 공동 위원회

이러한 상황에서 다시 미국과 소련은 모스크바 회의의 결정에 따라 새로운 정부를 세우는 방법을 논의하기 위한 회의(미소 공동 위원회)를 열었지만, 의견 차이를 좁히지 못 하였어요. 또한 미국과 소련 사이에서 국내 정치 지도자들도 의견을 모으지 못한 채 갈등을 지속하자 미국은 **국제 연합**(UN)에 한반도의 정부를 세우는 일을 맡겼어요.

이 무렵 북쪽의 지도자들은 소련의 도움을 받아 토지 개혁을

▶ 〈EBS – 민족 지도자와 신탁 통치〉

▶ 〈tbs 서울, 시간을 품다
– 임시 정부 마지막 청사
'경교장'〉

실시하고, 친일파 문제를 처리하는 등 사실상의 정부 역할을 시작했지요. 이에 반해 남쪽의 지도자들은 통일 정부를 세우는 문제, 토지 개혁, 친일파 문제 등에 대해 단합된 힘을 보여주지 못했어요.

상황이 이렇게 되자 **이승만**은 남쪽만이라도 임시정부를 세운 후 하나의 정부로 합쳐야 한다고 주장했어요(정읍 발언, 1946년). 이에 반해 **김구**는 이념에 앞서 민족이 하나의 정부를 세워야 분단을 막을 수 있다고 생각하였습니다.

▲ 연설하는 이승만

▲ 남북 협상을 위해 북으로 향하는 김구

3. 대한민국 정부를 세우다

한반도 문제에 대한 해결을 맡게 된 국제 연합(UN)은 남북한에 민주적인 총선거를 실시하여 정부를 구성하라고 결정하였어요. 또한 한국 임시 위원단을 만들어 선거 과정을 감시하기로 하였지요. 그러나 소련은 이러한 결정이 인구가 적은 북한 지역에 불리하다고 생각하여 반대하는 입장을 보였죠. 소련의 반대로 총선거가 불가능해지자 국제 연합은 선거가 가능한 남쪽 지역에서만이라도 선거를 하라고 결정하였어요.

▶ 〈MBC–초대 국회의원
총선거〉

남한만의 정부가 세워질 경우 민족이 둘로 나뉘게 될 것을 걱정한 **김구**는 평양으로 가서 북한의 지도자들과 남북통일정부를 세울 것을 의논했어요(**남북 협상**). 하지만 남북 간에 이루어진 협상은 별다른 성과를 내지 못했답니다.

▲ 5 · 10 총선거 투표 모습

그리하여 1948년 5월 10일 남한 지역만의 선거가 실시되었어요(**5 · 10 총선거**). 그리고 대한민국 최초의 민주적 선거인 5 · 10 총선거에서 뽑힌 국회의원은 우리나라의 헌법[1]을 만들기 위해 제헌 국회[2]를 구성하였지요.

그 후 1948년 7월 17일, 우리나라 최초의 헌법이 만들어져 발표되었고, 이어 제헌 국회에서 **이승만**을 대한민국의 초대 대통령으로 선출하였어요. 이어서 이승만 대통령을 중심으로 광복 3년 뒤인 1948년 8월 15일에 **대한민국 정부를 수립하였습니다.**

1) 헌법 : 모든 법의 기초가 되는 중심적인 법.

2) 제헌 국회 : 우리나라의 헌법을 제정한 초대 국회. 국회에서는 국민의 대표인 국회의원들이 생활에 필요한 여러 법을 만듦.

▲ 대한민국 정부 수립

① 광복과 냉전 체제의 영향에 대해 알아봅시다

1. 다음은 독립운동가 김구 선생의 글입니다. 아래 글을 읽고 김구 선생이 꿈꾸었던 나라에 대한 자신의 생각을 써보세요.

▲ 김구 동상(백범기념관)

내가 원하는 우리나라

나는 우리나라가 세계에서
가장 아름다운 나라가 되기를 원한다.
가장 부강한 나라가 되기를 원하는 것은 아니다.
내가 남의 침략에 가슴이 아팠으니
내 나라가 남을 침략하는 것을 원하지 않는다.
우리의 부(富)의 힘은 우리의 생활을
풍족하게 할 만하고 우리의 강력한 힘은
남의 침략을 막을 만하면 족하다.

– 김구 선생의 '나의 소원' 중 –

_____

_____

_____

▶ 〈역사채널e – 역사를 바꾼 한 통의 전화〉

2. 아래는 대한민국 초대 대통령인 **이승만**의 사진입니다.
대한민국을 세우는데 노력했던 또 다른 인물들을 조사해 봅시다.

내가 조사한 인물

_____

_____

그 인물이 한 일

_____

_____

_____

❶ 시대를 앞서간 독립운동가, 몽양 여운형

대한민국 헌법은 이렇게 시작됩니다. "유구한 역사와 전통에 빛나는 우리 대한민국은 3·1 운동으로 건립된 대한민국 임시 정부의 법통과 불의에 항거한 4·19 민주 이념을 계승하고…"

그렇다면 그 당시에 3·1 운동은 어떻게 전개되었을까요? 맨 처음 준비한 단체를 조직한 사람은 누구일까요? **신한청년당**에 주목해야 합니다. 바로 신한청년당이 3·1 운동을 맨 처음 준비한 단체이기 때문이에요. 신한청년당은 일제강점기였던 1918년에 중국 상하이에서 설립되었어요. 그렇다면 신한청년당의 대표는 누구일까요? 바로 몽양 **여운형**입니다. 1918년 11월 몽양 여운형은 신한청년당을 결성하여 우리나라의 독립을 세계에 알리기 위해 독립만세운동을 계획했어요. 그러나 당시 상황에서 대규모 만세 운동을 조직한다는 것은 거의 불가능한 일이었지요. 그래서 여운형은 신한청년당을 만들어 민족이 각지에서 독립 만세 운동을 할 수 있도록 했습니다. 또, 외교를 통해 조선의 독립을 쟁취하려 했어요. 조선 독립에 우호적이었던 러시아 혁명의 지도자 레닌은 물론 중국의 독립 지도자 쑨원, 마오저뚱, 장제스, 베트남의 민족운동 지도자 호찌민 등과 친분을 맺으며 동양 평화를 위해 노력하였죠.

여운형은 1919년 김규식을 파리 강화 회의[1]에 파견하였고, 3·1운동을 기획·추진하였어요. 또, 임시 정부 수립에도 참여했고, 상하이에서 일본 경찰에게 체포되어 투옥되기도 했지요. 더불어 그는 조선중앙일보를 운영한 언론인이기도 했죠. 하지

---

1) 파리 강화 회의 : 제1차 세계대전 종료 후, 전쟁에 대한 책임과 평화를 위해 프랑스에서 열린 회의.

만 손기정 선수가 올림픽 마라톤 대회에서 금메달을 받는 사진에서 일장기[2]를 지운 사건으로 신문사는 문을 닫게 되었습니다. 1945년에는 **건국 준비 위원회**를 결성해서 통일 정부를 세우기 위한 **좌우 합작, 남북 연합** 운동에 힘썼으나 1947년 7월 19일 권총 피격을 당해 서거[3]하였습니다. 몽양 여운형의 장례식 때 60만 명이 흰옷을 입었고 온 국민이 슬퍼하였습니다.

▲ 여운형 생가(경기, 양평)

    몽양 여운형은 1945년 '조선을 이끌어갈 양심적 지도자'를 묻는 해방 후 첫 여론조사에서 가장 많은 표를 받았어요. 당시 남북한 지도자 가운데 통일정부 수립을 위해 많은 애를 썼고 가장 존경받는 인기있는 지도자였습니다. 당시 미국과 소련은 남북이 이념으로 갈라져 있어 한민족을 하나로 묶을 인물, 즉 통일 정부의 첫 국가 원수[4]는 몽양 여운형이 될 것이라고 예견했다고도 합니다.

– 출처 : 경기뉴스포털 여운형

▶ 〈영상한국사–여운형, 통일정부를 꿈꾸다〉

---

2) 일장기 : 일본의 국기
3) 서거 : 죽어서 세상을 떠남
4) 원수 : 한 나라의 최고 통치권자

문제로 정리하기

1 대한민국은 19 ☐☐ 년 ☐ 월 ☐☐ 일 일본으로부터 독립하였다.

2 독립 후 우리나라 국민들은 미국, 중국, 소련, 영국 등 강대국들의 ☐☐☐☐ 통치에 대한 찬성과 반대로 나뉘어 큰 의견 다툼을 벌였다.

3 대한민국은 유엔의 주관 하에 남과 북에서 국회의원 선거를 무사히 치러 정부를 수립하였다. (○ , ×)

MEMO

21 6·25 전쟁과 남북 관계

▶〈역사채널e –
잊혀진 영웅 지게 부대〉

1. 6·25 전쟁이 일어나다

　　남쪽에 대한민국 정부가 수립되고, 북쪽에도 북한 정권이 세워졌습니다. 남한과 북한 정부는 각각 미국과 소련의 지원을 받았고, 서로 다른 이념을 가지고 있었지요. 정부가 수립되고 나서도 남과 북은 서로가 한반도에서 합법적인 정부라고 주장했어요.

　　1950년 6월 25일 북한은 한반도를 힘으로 통일하기 위해 38도선을 넘어 남쪽으로 침략했답니다(6·25 전쟁). 북한군은 소련의 지원으로 우수한 무기를 가지고 충분한 전쟁 준비를 했기 때문에 전쟁 3일 만에 서울을 점령했어요.

　　국군은 북한군의 화력[1]에 밀려 **낙동강 전선**까지 후퇴했지요. 당시 미군은 모두 철수한 상태라 남한을 도울 수 없었습

1) 화력 : 총, 포 등의 위력.

▲ 인천 상륙 작전

니다. 한반도의 상황이 심각해지자 국제 **연합**(UN)은 남한을 돕기로 결정했어요.

유엔군이 참전하기로 결정했을 때 이미 국군은 낙동강에서 힘겹게 방어를 하던 중이었어요. 조금만 늦으면 부산까지 함락되는 매우 위험한 순간이었지요.

당시 유엔군 총사령관이었던 **맥아더** 장군은 허를 찌르는 작전을 펼쳤습니다. 인천에 대규모의 군인들을 상륙시켜

▲ 북한군의 침입

▲ 유엔군과 국군의 반격

▲ 중국군의 참전과 유엔군의 후퇴(1·4후퇴)

▲ 서울 재탈환과 휴전 회담

▶ 〈역사채널e
– 희망의 크리스마스
항해 흥남 철수 작전〉

1) 참전 : 전쟁에 참가함

2) 이산가족 : 전쟁 따위로
헤어지거나 흩어져서 서
로 소식을 모르는 가족.

3) 주둔지 : 군대가 머무는
군사기지.

▶ 〈KTV 문화영화 – 6 · 25
전쟁의 종결과
휴전선〉

단숨에 서울을 되찾는 **인천 상륙 작전**을 성공시켰어요. 인천 상륙작전을 계기로 힘을 얻은 국군은 낙동강 전선에서 북쪽으로 북한군을 몰아내기 시작했습니다. 전세가 역전되어 북한의 중심부였던 평양까지 국군과 유엔군이 점령하였고, 북한군은 압록강까지 후퇴해야만 했습니다.

사태를 지켜보던 중국은 남한 중심의 통일 정부가 들어서면, 미국의 영향이 중국까지 올 것을 염려했어요. 결국 중국군은 압록강을 건너 6 · 25 전쟁에 본격적으로 참전[1]하여 북한을 돕기 시작했지요. 급작스러운 **중국의 대규모 참전**에 유엔군과 한국군은 황급히 남쪽으로 후퇴했어요(1. 4 후퇴). 이때 북한 지역에 살던 많은 사람들이 남쪽으로 피난길에 오르면서 중간에 가족과 헤어져 많은 이산가족[2]이 생기게 되었습니다.

남쪽으로 후퇴하던 유엔군과 한국군은 지금의 휴전선 부근에서 방어선을 치고, 남과 북은 치열한 공방을 이어갔습니다. 전쟁이 계속될 경우 소련도 참전해서 세계 대전으로 발전할 가능성까지 높아지고 있었지요.

이에 미국, 소련, 중국 등 주변국들은 전쟁을 멈추고 싶었어요. 그들은 2년 간의 협상을 통해 자신들의 주둔지[3]를 경계로 하는 **휴전 협정**(1953년 7월)을 체결하고 전쟁을 잠시 멈추기로 했어요. 이 때 생긴 남과 북의 경계선이 바로 오늘

▲ 전쟁으로 가족을 잃은 고아

▲ 휴전 협정을 맺는 모습

날의 **휴전선**이랍니다.

6 · 25 전쟁은 한국인들의 삶에 큰 영향을 미쳤습니다. 전쟁으로 수백만 명이 다치거나 죽었어요. 부모를 잃은 고아들은 새로운 가정을 찾아 외국으로 입양을 가야 했지요. 또한 한반도 남쪽과 북쪽에 살고 있는 가족, 친지들은 휴전선이 생기며 오도 가도 못하는 **이산가족**이 되어 지금까지 만나지 못하고 있습니다.

6 · 25 전쟁으로 공장 같은 산업 시설도 성하게 남은 것이 거의 없었어요. 무엇보다 가슴 아픈 것은 지금까지도 같은 민족끼리 남과 북으로 나누어져 군사적으로 대치하고 있는 현실이지요.

▶ 〈시네마 레인보우
– 공동경비구역 JSA〉

2. 남과 북, 하나가 되기 위한 노력을 기울이다

6 · 25전쟁 이후 한반도는 세계에서 주목을 받는 지역이 되었어요. 하나의 민족이 서로 다른 이념을 가진 두 나라로 분단되었기 때문이에요. 그러나 우리 민족은 다시 하나의 나라로 통일하기 위한 노력을 펼쳐나갔어요.

1) 반공 : 공산주의에 반대하는 여러 사상들.

▲ 반공1) 포스터

▲ 남북 대화를 위해 남한 대표가 김일성과 만나는 모습(1972년 5월)

6·25 전쟁 이후 이승만 정부는 북한을 무력으로 통일하자는 정책을 펼쳤어요. 6·25 전쟁의 상처가 아직 아물지 못한 상황에서 평화적으로 통일 정책을 주장하긴 어려운 상황이었지요. 하지만 60년대 이승만이 대통령에서 물러난 후 우리 스스로가 평화적 통일을 이뤄야 한다는 의견이 나오기 시작했어요.

70년대 들어서면서 남·북간 대화의 물꼬[1]가 트이기 시작했어요. 남한과 가까운 미국과 북한과 가까웠던 중국, 소련의 관계가 좋아지면서 남·북한도 통일 문제에 한걸음 나아갈 수 있었지요.

특히, 1972년 7월 4일 남북한이 공동 성명을 발표하면서 통일 문제에 역사적인 첫 걸음을 내디뎠습니다(7·4 남북 공동 성명). 7·4 남북 공동 성명은 남·북한이 자주적, 평화적인 통일을 추구하기로 합의함으로써 남북 관계의 새로운 계기[2]를 마련하였답니다.

1988년 제24회 서울 올림픽에 북한과 가까운 사회주의 국가들이 참여하고, 소련에서 개혁[3]과 개방[4]이 이루어집니다. 이에 발맞추어 남·북 간에도 이산가족 편지 교환 등 상호 교류가 나타나기 시작하였어요.

2000년에는 김대중 대통령과 북한의 김정일 국방위원장이 평양에서 만나 정상회담을 했습니다(1차 남북 정상 회담). 분단 55년 만에 남과 북의 최고 지도자가 만난 역사적 사건이었지요. 그 결과 정기적인 이산가족 상봉과 금강산 관광, 개성공단 개발 등 남·북 간의 활발한 교류가 이뤄졌답니다. 이 이후에도 2차(2007), 3차 정상 회담(2018)이 열렸습니다.

1) 물꼬 : 논에 물이 넘나들도록 만든 좁은 통로. 어떤 일의 실마리라는 뜻으로 많이 쓰임.

2) 계기 : 어떤 일이 일어나는 결정적인 원인이나 기회.

3) 개혁 : 제도나 체제 따위를 새롭게 뜯어고침.

4) 개방 : 금지하던 것을 풀어 자유롭게 교류하게 함.

▲ 1차 남북 정상 회담

① 6 · 25 전쟁의 영향을 알아봅시다

1. 아래 그림은 6·25 전쟁에서 민간인들이 죽임을 당한 사건에서 영감을
받은 피카소의 작품입니다. 전쟁은 사람들의 삶에 어떤 영향을 주는
지 나의 생각을 써보세요.

▲ 〈한국에서의 학살〉 사건을 그린 피카소의 1951년 작품

읽기
자료

① 대한민국을 돕기 위해 6.25전쟁 때 도움을 준 참전국.

▶ 〈6.25 전쟁 70주년, 대한민국을 구한 세계의 영웅들〉

평화라는 이름으로 하나가 된 63개국
한국 국민의 자유와 평화수호를 위해 싸운 그들의
숭고한 헌신과 희생을 잊지 않겠습니다

▲ 유엔 평화 기념관 문구

　6.25전쟁이 발발하자 낯선 대한민국의 자유와 평화를 위해 전 세계 63개국이 한국으로 병력, 의료, 물자, 재정 등의 지원을 보냈어요. 그중에도 목숨을 걸고 유엔군으로 군인들을 보내 6.25 전쟁에 참전한 나라는 총 21개국입니다. 우리가 잘 알고 있는 미국을 제외하고도, 영국, 캐나다, 터키, 오스트레일리아 등 여러 국가들이 우리 국군과 함께 싸웠지요.

〈주요 참전국〉

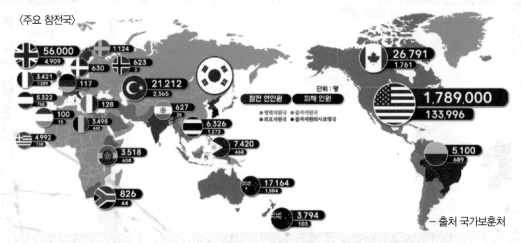

－ 출처 국가보훈처

　멀리 아프리카의 에티오피아부터 남미의 콜롬비아 군인들까지 낯선 환경과 문화 속에서 큰 희생을 치렀습니다. 에티오피아는 과거 침략당한 역사 때문에 황제가 직접 황실 근위대 3000여 명의 군대를 보냈다고 해요. 에티오피아 군인들은 동료애가 강해 부상당한 동료들을 모두 챙기고, 전쟁 후에도 에티오피아에 '한국마을'을 만들어 함께 살았다고 합니다. 터키군도 많은 군인들이 참전했고, 그들은 군인 월급을 모아 전쟁고아들을 위한 앙카라 학교를 세우기도 했답니다.

　우리나라 곳곳에는 6.25 전쟁에서 도움을 준 나라들의 참전 기념비가 많이 세워져 있습니다. 여러분이 사는 곳과 가까이 있는 참전 기념비를 방문해 참전 군인들의 희생을 되새겨보는 것은 어떨까요?

프랑스군 참전기념우표

영국군 참전기념우표

미군 참전기념우표

콜롬비아군 참전기념우표

문제로 정리하기

1 6 · 25 전쟁을 통해 많은 가족들이 헤어지는 [   ] 이 생겨났다.

2 남과 북은 6 · 25 전쟁 이후 관계 개선을 위해 노력했어요. 남과 북이 협력했던 일들을 적어보시오.

[   ]

3 1970년대 남북한이 자주적, 평화적인 통일을 추구하기로 합의한 역사적 사건은 무엇인가요?

[   ]

민주주의 발전과 경제 성장

1. 민주주의를 발전시키다

▶ 〈EBS 문화유산 코리아 – 민주주의의 이름으로 4.19혁명〉

민주주의란 무엇일까요? 간단하게 말하자면 국민이 국가의 주인으로, 국민의 뜻이 국가 정책에 반영되는 정치 체제입니다. 국민이 바라는 점이 잘 반영되는 것이 민주주의의 큰 장점이지요.

민주주의 국가에서는 국가 권력을 셋으로 나누어 운영합니다(삼권분립). 먼저 국민을 대표하는 **국회의원**이 법을 만들고, 법원은 만들어진 법이 잘 지켜지도록 재판을 해요. 그리고 대통령은 국회와 법원과 협력하여 나라 안의 중요 정책을 결정하고 실행되도록 이끄는 역할을 합니다.

우리나라의 민주주의는 짧은 시간에 발전을 이루었지만 그 과정이 순탄치는 않았답니다.

1960년 3월 15일 선거에서 이승만 대통령은 재당선을 위

▲ 1960년 3월 15일 대통령 선거

▲ 3 · 15 부정 선거에 항의하는 시민들

해 대대적으로 선거를 조작했어요(3·15 부정 선거). 3인 또는 5인으로 조를 짜서 서로 감시하게 하여 공개 투표를 하게 하거나, 투표함을 몰래 바꾸었지요. 이러한 조작 선거로 어떤 곳은 선거를 한 사람보다 많은 수의 이승만 표가 나오는 곳도 있었어요.

국민들은 부정선거를 한 이승만 대통령에게 스스로 물러날 것을 요구하며 거리로 나왔습니다. 전국적으로 많은 국민들이 투쟁[1]한 결과 결국 이승만은 국민들의 요구에 따라 대통령직에서 스스로 물러났어요. 온 국민이 직접적으로 민주주의의 열망을 표현한 이 사건을 4·19 **혁명**이라고 해요.

4·19 혁명은 학생들과 시민들이 불의에 맞서 민주주의의 가치를 지켜낸 사건이었어요. 이 경험은 국민들에게 대한민국의 민주주의를 발전시켜 나가는데 국민의 역할이 얼마나 중요한지 깨닫게 해주었습니다.

그러나 4·19 혁명 이후 정치적 안정은 이루어지지 못하고 사회적 혼란이 계속되었습니다. 그러던 중 1961년 5월 16일,

1) 투쟁 : 목적을 이루기 위하여 싸움.

▲ 국립 4·19 민주묘지 기념탑(서울, 강북)

▶ 〈네이버 지식백과
– 5 · 16 군사 정변과 박정희〉

박정희를 중심으로 한 일부 군인들이 무력으로 정권을 빼앗는 사건이 발생했어요. 이를 5 · 16 군사 정변이라고 해요.

결국 이승만 대통령 하야[1] 후 2년간 나라를 이끌던 민주 정부는 무너지고 군인들이 정권을 잡게 됩니다. 이 때 들어선 군사 정권은 경제 개발을 위해 온 힘을 쏟아 높은 경제

▲ 5 · 16 군사 정변 당시의 서울 시내

▲ 5 · 16 군사 정변의 박정희(가운데)

1) 하야 : 스스로 물러남.

2) 독재 : 어떤 분야에서 개인이나 단체 따위가 권력을 차지해 모든 일을 상의 없이 독단으로 처리함.

3) 유신 헌법 : 대통령 임기를 4년에서 6년으로 늘리고 국민들이 뽑는 선거가 아닌 통일주체 국민회의라는 조직이 대통령을 뽑도록 한 헌법.

성장을 이루었지만, 독재[2] 정치를 펼쳐 민주주의 발전을 해치게 되었지요.

1972년 박정희 대통령은 유신 헌법[3]을 만들어 영구적으로 자신이 대통령직에 있을 수 있도록 헌법을 바꾸었습니다. 하지만 4 · 19 혁명 이후 민주주의 의식이 높아진 국민들은 유신 헌법에 반대하는 민주화 운동을 전국에서 일으켰어요. 민주화 운동에 참여한 많은 학생과 국민들이 독재

▲ 유신에 반대하는 사람들

▲ 1979년 박정희 대통령 피살

정권에 의해 탄압을 받았지요. 그러는 가운데 박정희 대통령이 부하에게 피살[4]되는 사태가 발생했어요(1979년).

박정희 대통령의 서거[5] 후 민주화를 원했던 국민들의 열망과는 달리 전두환을 중심으로 한 군인 세력이 또 다시 무력으로 정권을 차지합니다. 하지만 민주주의를 향한 국민들의 열망은 이미 높아져 있었지요. 1980년, 군부세력에 반대하는 학생과 시민들의 민주화 운동이 전국적으로 거세게 일어납니다.

특히, 1980년 5월 18일, 전라남도 광주에서 대규모의 민주화 운동이 일어났어요. 그러나 전두환의 군부 세력들은 특수 부대를 동원하여 이들을 무자비하게 진압하였어요. 심지어 시위 중인 시민들에게 총을 쏘았고, 이로 인해 광주에서 수많은 희생자가 발생했지요. 이를 **5·18 민주화 운동**이라고 합니다. 목숨을 걸고 민주화에 대한 열망을 드러낸 5·18 민주화 운동은 4·19 혁명과 더불어 한국의 민주화 운동을 대표하는 역사로 남았습니다.

5·18 민주화 운동을 무자비하게 진압한 전두환 세력은 강압적으로 대통령 선거를 다시 **간접 선거**로 만들었습니다. 유신헌법과 비슷하게 대통령을 국민이 직접 뽑지 못하게 하고, 몇몇의 선거인단이 대통령을 뽑게 한 것입니다. 결국 전두환은 자신의 의도대로 대통령이 되지요.

이후 시민들의 바람이 모아져 1987년 6월, 대통령을 국민의 손으로 직접 뽑도록 하는 민주 헌법을 요구하는 시위가 전국적으로 일어나요(6월 민주 항쟁). 결국 전두환 군사정부는 국민들의 강력한 민주화 운동과 열기에 국민이 직접 대통령을 선출하는 직접 선거로 법을 고칩니다. 민주화를 위한 6월

4) 피살 : 죽임을 당함.

5) 서거 : 죽어서 세상을 떠남.

▶ 〈네이버 지식백과
– 박정희의 유신 체제〉

▶ 〈tbs TV
– 기억해야 할 광주의 열흘〉

▲ 5·18 묘역

▶ 〈tbs - 6 · 10 민주화항쟁 의미와 활동〉

▲ 1980년 5 · 18 민주화 운동

▲ 1987년 6월 민주 항쟁

민주 항쟁은 성숙한 민주주의 의식을 보여준 시민운동으로 평가받고 있지요.

▶ 〈EBS 클립뱅크 - 풀뿌리 민주주의의 실현 〉

▶ 풀뿌리 민주주의란 지역주민이 직접 자신이 사는 지역 발전을 위해 의사결정에 참여하는 민주주의의 모습이에요. 민주주의 의식이 발전하면서 우리나라도 풀뿌리 민주주의 라고 할 수 있는 『지방 자치 제도』가 확립되었답니다.

2. 한강의 기적을 이루어내다

▶ 〈클래스로그 - 6 · 25 전쟁 이후 우리나라의 경제 성장 모습〉

6 · 25 전쟁 후 폐허가 된 우리나라의 모습은 정말 비참했습니다. 그나마 일제강점기에 만들어진 공장 등의 산업시설은 전쟁을 겪으며 대부분 파괴되었지요. 1950년대를 살아가는 국민들은 폐허가 된 나라에서 배고픔과 싸우며 경제 발전을 위해 노력했어요.

1950년대 이승만 정부는 밀가루, 옷감, 설탕 등을 무상[1]으로 원조[2]받아 식량난을 극복하고 여러 산업을 일으키기 위해 노력했어요. 무상원조는 배고픔을 덜어줄 수 있었지만 국민들의 가난 자체를 해결하기는 어려웠습니다.

이후 등장한 박정희 정부는 1962년부터 경제 개발 5개년 계획을 통해 체계적으로 경제를 발전시키고자 했어요.

1) 무상 : 어떤 행위에 대하여 아무런 대가나 보상이 없음.

2) 원조 : 물품이나 돈으로 도움을 주는 것.

1981년까지 4차례 실시된 경제개발 5개년 계획은 우리나라 경제가 발전하는데 큰 기여를 했습니다. 우리나라는 수출을 늘리기 위해 외화[3]를 빌려와 많은 공장을 세웠어요. 농업과 과학기술의 개발에도 노력하여 많은 성과를 올렸습니다.

또한 우리나라의 광부와 간호사들을 외국으로 파견[4]하고, 군인들을 베트남 전쟁에 보내 많은 외화를 벌 수 있었어요. 경제개발 계획은 처음에는 가발, 옷, 신발 등 많은 노동력과 낮은 기술력이 요구되는 **경공업** 위주였으나, 1970년대에 들어서는 점차 철강, 기계, 석유화학, 자동차, 전자 등 높은 기술력이 요구되는 **중화학 공업** 위주로 발전해갔습니다.

경제 개발 계획의 성공으로 국민들의 일자리와 소득은 늘어났고, 수출이 많아지면서 **빠른** 경제 성장이 이루어졌어요. 우리 근로자들은 경제 발전을 위해 국내에서는 물론, 중동 사막 지역에서 땀 흘리며 열심히 일하였고, 한국인은 부지런하다는 인상을 전 세계에 심어주었지요.

경제 발전 과정에서 많은 사람들이 도시로 일자리를 찾아 떠나면서 발전이 뒤처진 농촌을 위해 1970년초에는 **새마을 운동**이 시작되었어요. 새마을 운동은 농촌의 초가집을 신식 주택으로 바꾸고, 농촌의 소득을 높이기 위해 새로운 작물을 심는 등 다양한 활동을 하였습니다. 이후 새마을 운동은 도시와 농촌 모두의 생활을 향상시키기 위한 정신 운동으로 발전하였고, 외국에서도 배워가는 모범적인 사례가 되었답니다.

1990년대에 이르러 우리나라 산업은 중화학 공업과 더불어 반도체, 휴대폰 등 **첨단 산업**까지 크게 발전하였어요. 1960년대 불과 100달러에 불과했던 **1인당 국민 소득(GDP)**이 40년 만에 2만 달러로 높아졌고, 세계 10대 경제대국이

3) 외화 : 외국의 돈. 자본.

4) 파견 : 임무를 맡겨 사람을 보냄.

▶ 〈서울늬우스−1962년 제1차 경제개발 5개년 계획〉

▶ 〈KBS 역사저널 그날− 경제 성장의 해법, 수출에 미쳐라!〉

▶ 〈나는 대한민국이다 [광복, 그리고 70년]〉

▶ 〈인물을말하다_전태일편〉

1) 국제통화기금(IMF) : 세계 무역의 안정을 위해 경제가 어려운 나라에 다른 나라의 돈을 빌려주는 단체.

▶ 〈1997년 'IMF 외환위기'〉

되었답니다. 외국에서 100여 년에 걸쳐 이룩한 경제 발전을 30여 년 만에 이룩한 거예요.

이러한 대한민국을 보고 다른 나라 사람들은 크게 감탄하였고, 이를 '한강의 기적'이라고 불렀답니다. 우리나라는 이제 원조를 받는 나라에서 주는 나라로 탈바꿈하였지요. 이러한 사실은 세계적으로 매우 드문 현상이랍니다.

그러나 너무 급하게 경제 성장이 이루어지다 보니 그 이면에는 여러 부작용도 있었어요. 경제발전 과정에서 열악한 환경에서 낮은 임금으로 고통 받았던 노동자들의 희생이 있었지요. 그리고 1997년에는 나라의 외화가 바닥이나 국제통화기금(IMF)[1]의 지원을 받는 등 경제위기를 겪기도 했습니다.

하지만 IMF 경제위기는 국민과 정부, 기업이 힘을 모아 빠르게 극복할 수 있었지요. 2000년대 들어서는 대한민국의 드라마, 가요 등의 문화가 전 세계에서 인기를 얻는 한류가 크게 일어났어요. 또한 대한민국은 1988년 서울 올림픽, 2002년 월드컵, 2018년 평창올림픽의 성공적인 개최로 스포츠 강국으로도 성장하였답니다. 이외에도 UN 사무총장을 배출하는 등 국제적 위상을 높이며 세계 속의 자랑스러운 대한민국으로 계속해서 발전하고 있답니다.

▲ 한류 문화

▶ 〈한류의 파도에 올라탄 아기상어 | EBS 비즈니스 리뷰〉

'한강의 기적'에 대해 알아봅시다

　　아래 사진은 대한민국 경제 발전의 숨은 주인공들이에요. 외화를 벌어들이기 위해 독일로 파견된 광부와 간호사는 독일 사람들이 꺼려 하는 힘든 일을 하면서 국가 발전에 이바지하였어요. 이와 같이 우리 나라에서 경제 발전을 위해 노력한 숨은 주인공들을 찾아보세요.

▲ 독일로 파견된 광부

숨은 주인공

그 이유

▲ 독일로 파견된 간호사

▶ 〈글로벌코리안
－ 라인강에서 찾은 미래〉

▶ 〈영상한국사－서독에 광부와 간호사를 파견하다〉

① 한국 국제 협력단(KOICA)을 아시나요?

"지구촌 이웃을 돕고 있습니다."

1991년 창설된 **한국 국제 협력단(KOICA)**은 개발도상국을 돕는 개발 원조 기관입니다. 한국의 고유한 개발 경험과 노하우를 바탕으로 보건의료, 교육, 행정제도, 정보통신, 농촌개발, 산업·에너지, 환경·여성 분야를 지원하고 있습니다.

한국은 2010년 경제 협력 개발 기구(OECD) 개발 원조 위원회(DAC)의 24번째 회원국이 되었지요. 원조받는 나라에서 원조하는 나라로 거듭난 첫 사례입니다. 우리나라는 원조를 통해 지구촌 빈곤 퇴치라는 범지구적 노력에 동참하면서 국격 또한 높여 나가고 있답니다.

▲ 봉사단원들의 활동들

▶ 〈코이카 소개자료〉

▶ 〈유튜브 코이카 채널〉

척척
박사

문제로 정리하기

1 3·15 부정선거를 저지른 이승만 정부는 민주주의를 요구하는 시

민들의 [ ] 혁명에 의해 무너졌다.

2 대한민국의 눈부신 경제 발전은 [ ]으로
불린다.

3 1970년대 초에 농촌의 발전을 위해 시작한 운동으로 일부 외국에
서도 배워가는 사례가 된 것은?

[ ]

정답 **1** 4·19 **2** 한강의 기적 **3** 새마을 운동

22. 민주주의 발전과 경제 성장   **169**

쏙쏙
한국사

집 필 진	김경수(계성초등학교)
	김충배(계성초등학교)
	장성익(서울봉현초등학교)
	이동규(서울신도초등학교)
	이민형(백암초등학교)
검 토	김인덕(청암대학교)
	송미화(국립 국제교육원)
감수 및 사진	故장득진(前국사편찬위원회 편사연구관)

발 행 인	최병식
펴 낸 날	2021년 10월 11일
펴 낸 곳	주류성출판사
주 소	서울특별시 서초구 강남대로 435 주류성빌딩 15층
전 화	02-3481-1024(대표전화)
팩 스	02-3482-0656

값 14,000원

ISBN 978-89-6246-451-1 64910
ISBN 978-89-6246-449-8 64910(세트)
